PraxisWissen

Aufsuchende psychiatrische Arbeit

Psychiatrie Verlag

Dr. rer. Soc. KLAUS OBERT ist Diplom-Sozialpädagoge und seit 1982 in Stuttgart im Auf- und Ausbau Sozialpsychiatrischer Dienste sowie weiterer Bausteine des gemeindepsychiatrischen Verbunds und deren Koordination in der Praxis wie in der fachpolitischen Umsetzung tätig. Er ist Mitherausgeber der Reihe **Praxis**Wissen.

KARIN POGADL-BAKAN ist Diplom-Sozialarbeiterin und war zehn Jahre ehrenamtlich im Vorstand des Reha-Vereins zum Aufbau sozialer Psychiatrie tätig. Seit 1989 ist sie im sozialpsychiatrischen Dienst tätig und hat diesen Dienst mit aufgebaut. 2012 kam der Schwerpunkt »Kinder psychisch erkrankter Eltern« hinzu.

GABRIELE REIN ist Diplom-Sozialarbeiterin und Leiterin des Gemeindepsychiatrischen Zentrums Stuttgart-Freiberg. Sie verfügt über langjährige praktische Erfahrung im Sozialpsychiatrischen Dienst und ambulant Betreuten Wohnen und führt Fort- und Weiterbildungen im psychiatrischen Bereich durch.

PraxisWissen

Klaus Obert,
Karin Pogadl-Bakan,
Gabriele Rein

Aufsuchende psychiatrische Arbeit

Psychiatrie Verlag

Die Reihe **Praxis**Wissen wird herausgegeben von:
Michaela Amering, Ilse Eichenbrenner, Michael Eink, Caroline Gurtner, Klaus Obert, Wulf Rössler und Tobias Teismann

Klaus Obert, Karin Pogadl-Bakan, Gabriele Rein
Aufsuchende psychiatrische Arbeit
PraxisWissen 1
1. Auflage 2018
ISBN-Print 978-3-88414-691-0
ISBN-PDF 978-3-88414-944-7
ISBN-ePub 978-3-88414-946-1

Bibliografische Information der Deutschen Nationalbibliothek
Die Deutsche Bibliothek verzeichnet diese Publikation in der Deutschen Nationalbibliografie; detaillierte bibliografische Daten sind im Internet über http://dnb.ddb.de abrufbar.

Lektorat: Uwe Britten, Eisenach
Umschlagkonzeption und -gestaltung: studio goe, Düsseldorf, unter Verwendung eines Fotos von zentilia /123rf.com
Typografiekonzeption und Satz: Iga Bielejec, Nierstein
Druck und Bindung: Westermann Druck Zwickau

Mit Zuversicht und kritischer Selbstreflexion – Einleitung

Warum sind Hausbesuche in der Versorgung psychisch kranker Menschen unverzichtbar? Warum und mit welcher Begründung braucht es die niederschwellige, flexible, ambulant-aufsuchende Arbeit für diesen Personenkreis? Warum sind Hausbesuche ein wesentliches Element der psychiatrischen Hilfen? Warum kann gerade diese Arbeitsweise als besonderes Merkmal und Qualitätskriterium für sozialpsychiatrisches Handeln bezeichnet werden?

Die Antworten auf diese Fragen ergeben sich in erster Linie aus der individuellen Lebenslage psychisch kranker Personen, in der sie sich möglichst wohlfühlen wollen.

Bei der zugehenden psychiatrischen Hilfe geht es grundsätzlich um die Aufgabe und Herausforderung, Menschen dabei zu unterstützen, wie sie ihren Alltag planen, organisieren, strukturieren, mit ihm und in ihm zurechtkommen, wie sie neue Aufgaben bewältigen und sie in die selbstverständlichen Routinen des gewohnten Alltags integrieren wollen und können. Es geht zudem darum, wie Menschen an ihren Aufgaben und Herausforderungen verzweifeln, scheitern oder sich ihnen entziehen (müssen), weil sie in schwierigen bis unzumutbaren Verhältnissen leben. Sie fühlen sich schlicht überfordert – und genau auf solche überforderten Menschen stoßen wir bei Hausbesuchen.

Die aus dieser Dynamik entstehenden krankheitsrelevanten »Verhärtungen« sind immer – und dies sollte in der täglichen Arbeit nie vergessen und unterschätzt werden – ein wenn auch wenig gelingender oder sogar misslingender Lösungsversuch, um die Lebensverhältnisse in den Griff zu bekommen. Komplexe Verstrickungen mit der Umgebung, der Verlust des Arbeitsplatzes, Probleme mit dem Erhalt der Wohnung, die Schulden oder auch Konflikte mit Angehörigen und Freunden führen zu Zuspitzungen und wachsender Unübersichtlichkeit der jeweiligen Situation. Interaktionen misslingen. Beziehungen gehen in die Brüche. Freunde und Bekannte wenden sich ab. Die Ausbildung wird abgebrochen. Die existenziell notwendige Anerkennung und Wertschätzung durch andere Menschen wird stetig weniger und bleibt schließlich ganz aus oder schlägt sogar um in Ablehnung oder kränkende Abwertung. Das Vertrauen in sich selbst und in die Welt geht verloren. Selbstzweifel oder auch die Gegenwehr, indem die Verantwortung für die eigene Misere an der Welt »da draußen« festgemacht wird, nehmen überhand, bestimmen den Alltag und führen zu Rückzug, Isolierung und schließlich zum Verlust des selbstverständlichen »In-der-Welt-Seins«.

Diese Entwicklung fördert wiederum die Haltung, immer weniger auf Hilfe zu vertrauen, aktiv keine Hilfe mehr zu suchen und Hilfeangebote von außen nicht mehr in Anspruch zu nehmen. Das verstärkt häufig abermals den Rückzug in die Selbstzweifel, führt zu Scham- und Schuldgefühlen oder, umgekehrt, zu einer Haltung, mit der das ganze Elend und die eigene Not auf die Außenwelt projiziert werden. Oder aber es kommt zu einer Flucht in die berauschende und ablenkende Wirkung von Suchtmitteln beziehungsweise in realitätsverkennende Vorstellungen, Fantasien und Halluzinationen.

Am Ende eines mehr oder weniger langen Prozesses liegt für den jeweiligen Menschen ein enormer Hilfebedarf vor, ohne in der Lage zu sein, sich angemessene Hilfe und Unterstützung zu holen, und zwar auch dann nicht, wenn die Umgebung dies empathisch einfühlend oder mit Druck einfordert. Zurück bleiben psychisch kranke Menschen in prekärsten Lebenslagen und mit völlig unangemessener

Lebensführung. Weitgehend isoliert, sind sie massiv überlastet, vom Hilfesystem alleingelassen, und so entfernen sie sich sukzessive von Angehörigen, Freunden, Nachbarn oder Bekannten.

Genau an dieser Stelle setzt die heutige zugehende sozialpsychiatrische Arbeit ein. Die gesellschaftlich vorgegebene Doppelfunktion psychiatrischen Handelns von Hilfe *und* Kontrolle war in der Geschichte zu sehr auf den Aspekt der Kontrolle ausgerichtet. Die naturwissenschaftlich oder medizinisch geprägten Definitionen von Krankheit legitimierten die Ausgrenzung und den Ausschluss aus dem gesellschaftlichen Alltag. Die Entstehung und Ausbreitung der Sozialpsychiatrie ging konstitutiv damit einher, den Menschen in seiner Lebenswelt und den Aspekt der Hilfe stärker in den Vordergrund zu rücken, ohne jedoch das Doppelmandat von Hilfe und Kontrolle abschütteln zu können (Obert 2001, S. 90 ff.).

Mit dem sozialpsychiatrischen Handeln im Allgemeinen und dem Hausbesuch im Besonderen betraten und betreten wir als professionell Tätige genauso wie die Betroffenen Neuland und müssen mit Ungeplantem umzugehen lernen. Betreuung, Unterstützung und Begleitung zu Hause in der Lebenswelt der Menschen kamen in der traditionellen Psychiatrie mit ihrem anstaltszentrierten System de facto nicht vor. Das Verlassen der Sicherheit der Klinik und das Sich-Einlassen auf die Intimsphäre der Häuslichkeit der Menschen korrespondiert unsererseits mit Unsicherheiten, Irritationen und dem Umgang mit Unvorhergesehenem, weckt aber auch Neugierde und ein Gefühl der Zufriedenheit, direkt mit den Menschen in Kontakt zu kommen, und sie dort zu unterstützen, wo sie ihren Lebensmittelpunkt haben.

Es ist nach wie vor auf- und anregend, zu einem Hausbesuch zu starten, vor allem wenn die Situation noch nicht (so) bekannt ist – auch wenn wir manchmal mit einem mulmigen und unsicheren Gefühl aufbrechen. Unser Anspruch an uns selbst ist nicht nur die nötige hohe Offenheit anderen Menschen gegenüber, sondern umfasst auch, niederschwellig, flexibel und zugleich hoch professionell tätig zu sein. Dabei begleiten uns Fragen wie: Auf was werden wir stoßen? Wird alles wie geplant verlaufen, so wie beim letzten Mal oder wie die Planung es vorsieht? Oder zeigt sich ein völlig anderes Bild mit Überraschungen, zum Beispiel eine akute Krisensituation oder eine vermüllte Wohnung oder Konflikte mit den Nachbarn mit Beschwerden, oder werden wieder Briefe von Behörden vorliegen, die für Aufregung und Durcheinander sorgen? Wird uns die Wohnung überhaupt geöffnet? Müssen wir uns wieder auf Beschimpfungen gefasst machen, verbunden vielleicht mit offenen Drohungen und vielleicht sogar mit der klaren Aufforderung, wieder zu verschwinden?

Der Umgang, die Gestaltung und das Arrangement mit Neuem, mit Unsicherheiten, mit Unvorhergesehenem sowie in unstrukturiert und offenen Situationen tätig zu sein trifft aber nicht nur für die Mitarbeitenden zu. Das Gleiche, vielleicht noch mehr, betrifft auch die Betroffenen und ihre Umgebung. Für die psychisch kranken Menschen ist der Besuch vielleicht noch aufregender und anstrengender als für uns, und das alles auch noch in Verbindung mit ihren Ängsten, Fantasien und Wahrnehmungen, die mit der psychischen Erkrankung einhergehen: Wer kommt da eigentlich zu mir und was will er von mir? Was möchte ich dem Besucher von mir als Person und von der Wohnung als meinem Zuhause, als meiner nicht nur räumlichen Intimsphäre preisgeben? Will ich überhaupt Sozialarbeit und mehr noch »die Psychiatrie« in meinem Haus, in meiner Wohnung haben? Was denken denn die Nachbarn, wenn ich fremden Besuch empfange? Wissen die Nachbarn, dass die Psychiatrie zu mir nach Hause kommt? Treffe ich auch auf Respekt und Wertschätzung, auch wenn die Wohnung nicht aufgeräumt ist. Die Situation der betroffenen Menschen muss antizipiert werden und im »Hinterkopf« verinnerlicht sein, um ihr angemessen und empathisch zu begegnen und in ihr souverän zu handeln. Erst dann können auch Begegnung, Kontakt, Beziehung und im Lauf der Zeit Vertrauen entstehen und gelingen.

Der Besuch zu Hause ist etwas anderes als die Begegnung in der Klinik oder im Wohnheim. Selbstverständlich gilt auch dort die Orientierung an Respekt, Wertschätzung, Empathie, Offenheit, Klarheit, Kontinuität, an der Akzeptanz des Andersseins. Aber es besteht eben ein entscheidender Unterschied: Mit uns taucht die Institution Psychiatrie ein in die Privatsphäre, in die Intimsphäre der psychisch erkrankten Menschen. Und diese Konstellation stellt eine besondere Herausforderung an die soziale, methodische und personale Kompetenz der Mitarbeitenden dar, denn – und dies darf nicht aus dem Blick geraten – die professionelle Hilfe, Unterstützung und Begleitung in der fremden Wohnung bedeutet eben auch, in die Intimsphäre eines Menschen »einzudringen«. Damit geraten wir – ob wir wollen oder nicht – hinein in die Kontrolle im Sinne des staatlichen Auftrags der Aufrechterhaltung einer öffentlichen Ordnung. Der Hausbesuch bedeutet bei aller Empathie und Ausrichtung auf Verstehen, Verständigung, Sich-Einlassen und kritischer Solidarität immer auch einen Eingriff in diese Privatsphäre.

Weil jedoch ein nicht unbeträchtlicher Anteil psychisch kranker Menschen über die sogenannte Komm-Struktur nicht zu erreichen ist und um in vielen Fällen zu verhindern, dass das Kind erst »in den Brunnen fallen muss«, sind Hausbesuche unumgänglich und unverzichtbar. Aber mehr noch: Je stärker unsere gesellschaftliche Erwartung ist, auch psychisch stark beeinträchtigten Menschen ein Leben in den eigenen Räumen zu ermöglichen, desto wichtiger ist es, die Personen eben in ihrer Wohnung zu unterstützen. Soll dies unter demokratischen Bedingungen geschehen, dann bedeutet das heute für die zugehende psychiatrische Hilfe, sensibel zu klären, wann Hausbesuche notwendig sind, aus welchen Anlässen sie erfolgen, wie sie rücksichtsvoll vorbereitet und durchgeführt werden, was alles dabei zu beachten ist und wie sie beendet werden, und zwar bis hin dazu, dass die ambulant-aufsuchende Tätigkeit grundsätzlich beendet werden kann, denn sie soll ja kein lebenslanger »Belagerungszustand« sein.

In der Begegnung mit den Klientinnen und Klienten und unter Berücksichtigung dieser komplexen Dynamik ist es deshalb wichtig, dass wir Helferinnen und Helfer stets mit Zuversicht und (therapeutischem) Optimismus in unsere Arbeit gehen sowie im Team immer offen bleiben für eine kritische, aber wohlwollende Selbstreflexion. Aus einem solchen Selbstverständnis ist dieses Buch geschrieben.

Hilfe bringen – Chancen und Risiken des Hausbesuchs

Erste Kontakte

Schon die Zeit auf dem Weg zum Hausbesuch sollte dafür genutzt werden, sich darauf einzustellen und zu vergewissern, was die Mitarbeitenden erwartet und was konkret auf sie zukommen könnte. Ungewissheit bestimmt das Gefühl und die Haltung, wenn der Hausbesuch bei einem neuen Klienten zum ersten Mal stattfindet und die Person auch sonst kaum bekannt ist. Diese Konstellation unterscheidet sich selbstverständlich vom Hausbesuch bei jenen Menschen, die längst regelmäßig besucht werden und zu denen schon eine (vertrauensvolle) Beziehung besteht. Natürlich können auch unvorhergesehene Ereignisse bei schon bekannten Menschen vorkommen, allerdings kann auch dann die Lage aufgrund des Vorwissens angemessener eingeschätzt, bewertet und gestaltet werden als bei noch unbekannten Personen.

Geduld, Fantasie, Klarheit, Offenheit und Kreativität sind erforderlich, wenn sich die betreffende Person ablehnend verhält und den Besuch eigentlich gar nicht möchte. Das folgende Beispiel vermittelt eindrücklich, wie die Kontaktherstellung und die Beziehungsaufnahme in einer solchen Situation gelingen.

BEISPIEL

Eine Frau hat die Polizei gerufen und sich über ihre Nachbarin beschwert, bereits mehrfach sei sie von ihr – wir nennen sie Frau Mikat – nicht nur beschimpft, sondern sogar bedroht worden. Soeben hat sie sie auch noch mit einem Besenstiel zu attackieren versucht. Die Bewohner unter der Wohnung von Frau Mikat hatten sich auch schon bei der Polizei beschwert, dass diese mit einem Stock immer wieder auf den Boden klopfe, häufig mitten in der Nacht. Das schließlich eingeschaltete Ordnungsamt bat den Sozialpsychiatrischen Dienst um Unterstützung, eine Zwangsmaßnahme sei allerdings nicht angezeigt, da keine akute Selbst- oder Fremdgefährdung vorliege.

Ein Mitarbeiter ist nun auf dem Weg, nachdem er sich zuvor schriftlich angekündigt hatte, denn auf Telefonanrufe hatte Frau Mikat nicht reagiert. Was wird ihn erwarten?

Auf der Fahrt vergegenwärtigt sich der Mitarbeiter nochmals die spärlichen Informationen, die ihm vorliegen. Was ist über Frau Mikat bekannt? Welches Bild ergibt die Gesamtschau?

Das Wohngebiet ist etwas abgelegen. Die nächste Haltestelle des öffentlichen Nahverkehrs liegt etwa einen Kilometer entfernt, ebenso die nächste Einkaufsmöglichkeit, wenn man von der benachbarten Tankstelle absieht. Das Haus beherbergt vierzig Wohnungen. Auf das Klingeln erfolgt keinerlei Reaktion. Ein Blick zum Briefkasten zeigt, dass dieser nicht überquillt, also vermutlich regelmäßig geleert wird. Die Haustür steht offen und der Mitarbeiter entschließt sich, nach der Wohnung zu suchen, um auch dort noch einen Kontaktversuch zu unternehmen.

Im dritten Stock endlich befindet sich die Wohnungstür. Es ist die einzige ohne ein Namensschild. Auf das Klingeln hin öffnet sich eine Tür, jedoch die der Nachbarin. Sie meint, Frau Mikat müsse zu Hause sein, sie verlasse die Wohnung kaum noch, und fängt gleich an, ihr Leid zu klagen und dass es so nicht weitergehen könne. In der Sorge, Frau Mikat könnte hinter der Wohnungstür stehend lauschen und ihn gleich als Verbündeten der Nachbarin einordnen, beendet der Mitarbeiter das Gespräch freundlich, wenn

auch bestimmt. Er erklärt, nun erst mal Frau Mikat kennenlernen zu wollen, eventuell könne man zu einem späteren Zeitpunkt gemeinsam über die Probleme reden.
Auf ein weiteres Klingeln öffnet sich nun doch die Wohnungstür einen Spalt breit. Der Mitarbeiter stellt sich vor und erklärt, dass er von einer Beratungsstelle komme und sich mit ihr darüber unterhalten wolle, ob sie in irgendeiner Weise Unterstützung gebrauchen könne. Dies hatte er bereits im Brief so angekündigt.
Frau Mikat macht deutlich, dass sie keinen Besuch wolle, Unterstützung benötige sie ebenfalls nicht, und sie fragt sogar, wie er überhaupt auf die Idee käme, zu ihr zu kommen. Er erklärt, das Ordnungsamt habe ihn gebeten, mit ihr Kontakt aufzunehmen, um zu besprechen, wie sie die Dinge sehe. Nachbarn hätten sich bei der Polizei über sie beschwert. Frau Mikat bleibt dabei, dass sie niemanden in ihre Wohnung lasse und auch niemanden brauche. Der Mitarbeiter hakt nach, ob er sie denn anrufen dürfe, um am Telefon in Ruhe miteinander reden zu können. Zögerlich stimmt sie zu.
Vier Monate lang telefonieren die beiden dann alle zwei Wochen, bis Frau Mikat schließlich die Erlaubnis zu einem ersten Hausbesuch gibt.

Hausbesuche zeichnen sich durch ein nur eingeschränkt zu steuerndes Setting aus. Sie bieten zwar viele Chancen und Möglichkeiten, bergen jedoch auch ein großes Konfliktfeld und einige Risiken. Manche davon sind im Fallbeispiel bereits deutlich geworden.

Psychiatrisch Tätige sind bei einem Hausbesuch zuallererst Gäste. Es gelten für sie die üblichen Formen der Höflichkeit und des Respekts. Auch unsere eigenen Unsicherheiten legen sich übrigens bereits dadurch, dass wir uns entsprechend der Gastrolle verhalten.

Eine Frage des Settings

Bereits die Wahrnehmung eines Termins in einer Beratungsstelle erfordert bestimmte Kompetenzen: Die Klientinnen und Klienten müssen sich zutrauen, die Einrichtung zu finden und sich auf den Weg dorthin machen. Dies bedeutet, Ängste zu überwinden, aktiv zu werden, soziale Kontakte aushalten zu können, meist öffentliche Verkehrsmittel benutzen zu müssen und zu einer bestimmten Uhrzeit da zu sein. Durch die aufsuchende Arbeit hingegen werden all jene Menschen erreicht, die es nie oder jedenfalls noch nicht geschafft haben, sich auf einen solchen Weg zu machen. Dies können unterschiedliche Gründe sein: Ängste, was sie erwartet, Schwierigkeiten, überhaupt aus dem Haus zu gehen beziehungsweise den Weg zu bewältigen. Eine Voraussetzung dafür, sich auf den Weg zu machen, ist zudem, dass die Person eine Idee davon hat, wozu eine Beratung zum Beispiel beim Sozialpsychiatrischen Dienst nützlich sein kann für die Bewältigung der eigenen Probleme und Schwierigkeiten.

Aufsuchende Arbeit ermöglicht Wege in das Hilfesystem, die anders nicht gefunden werden beziehungsweise erst zu einem sehr viel späteren Zeitpunkt. Hilfeleistungen sind unter Umständen bereits durch das bloße Bekanntwerden der Problemlage möglich. Was für psychisch stark beeinträchtigte Menschen oft unvorstellbar ist, kann für die Helferinnen und Helfer eine Routine sein. Vielen Menschen, denen wir begegnen, fehlt zuallererst: Hoffnung.

BEISPIEL

Frau Mikat hat sich nach vielen Telefonaten mit dem Mitarbeiter des Sozialpsychiatrischen Dienstes darauf eingelassen, besucht zu werden, betont aber sofort, ihre Wohnung sei sehr unaufgeräumt, sie könne einfach nichts mehr tun. Die »Strahlen« und das »Gepiesacke« würden sie zu sehr beeinträchtigen. Auch würde sie sich nicht mehr trauen, die Wohnung zu verlassen. Einkaufen würde sie nur selten. Der Mitarbeiter versichert am Telefon immer wieder, dass ihn dies nicht stören würde.

Deutlich wird, dass es Frau Mikat trotz aller Beeinträchtigungen wichtig ist, die Gastgeberin zu sein. Sie bittet darum, der Mitarbeiter solle zwei Stücke Kuchen mitbringen, sie würde diese dann auch bezahlen. Kaffee habe sie noch da.

Sichtlich aufgeregt öffnet sie schon beim ersten Klingeln die Tür. Die Wohnung ist so zugestellt, dass es kaum möglich ist, in den Flur zu treten. Frau Mikat bittet den Mitarbeiter in die Küche. Hier hat sie einen Stuhl und einen wackeligen Hocker bereitgestellt und den kleinen Tisch gedeckt. Erst nach der Aufforderung durch Frau Mikat setzt sich der Mitarbeiter. Zu seiner Erleichterung ist das Geschirr gut gespült und der Kaffee ist bereits gekocht.

Dem Mitarbeiter gegenüber sitzt nun eine gepflegte und frisierte Frau, lediglich etwas altmodisch gekleidet. Auffallend ist, dass die Fingergelenke dick geschwollen und verformt sind. Sie hat sichtlich große Schwierigkeiten, ihre Hände zu gebrauchen und zu greifen. Rheuma. Es sind nun diese körperlichen Beeinträchtigungen, mit denen sich das Gespräch aufnehmen lässt. Die späteren Hausbesuche laufen immer nach demselben Schema ab, was Frau Mikat Sicherheit gibt und es zunehmend ermöglicht, auch schwierigere Dinge zu thematisieren.

Eindrücklich wird es für den Mitarbeiter, als Frau Mikat ihm schließlich ihr Bett zeigt. In ihrer Not hat sie es mindestens einen Meter hoch aufgeschichtet mit Decken, Wachstischtüchern, Metalltabletts und Handtüchern, um sich vor »den Strahlen« zu schützen. Es ist ein Rätsel, wie sie es überhaupt schafft, in das Bett zu kommen, und wie es möglich ist, oben auf diesem instabilen Berg einigermaßen bequem zu liegen und zu schlafen. Auf

Nachfrage, ob sie denn nun, seit sie so vieles aufgeschichtet habe, besser schlafe, verneint sie dies. Der Mitarbeiter betont, dass also ihre Bettkonstruktion keine Veränderung zum Besseren gebracht hat. »Nein«, bestätigt sie. Die beiden kommen überein, dass Frau Mikat doch zumindest wieder bequemer in ihr Bett kommen und gut liegen sollte, wenn es schon keinen Unterschied machte und sie mit und ohne diese Aufschichtung nicht schlafen könne. Sie gibt schließlich die Erlaubnis, den Berg abzutragen. Über die »Strahlen« spricht der Mitarbeiter erst einmal nicht.

Das Risiko eines Hausbesuches ist fast immer, dass sich die Klientin überrumpelt fühlt, den Besuch als Eindringen in ihre Intimsphäre wahrnimmt und sich verschließt, um sich zu schützen. Es braucht oft großer Behutsamkeit, Wege zu finden und Türen zu öffnen.

Bei der aufsuchenden Arbeit ist, wie in allen Bereichen der psychosozialen Arbeit, eine achtsame und freundliche Grundhaltung sich selbst und den Klienten gegenüber die beste Voraussetzung für das Gelingen. Eine offene, flexible und dennoch zielorientierte Haltung sorgt dafür, sich selbst und den Klienten bei dem oft unübersichtlichen Setting des Hausbesuchs nicht zu verlieren. Es ist »Die Kunst, sich einzulassen und dennoch ein anderer zu bleiben«, so heißt es in dem Buch *Hilfe, sie kommen!* von Matthias Müller und Barbara Bräutigam (2011, S. 20)

Vertrauensvoll in Beziehung treten

Es ist zeit- und kostenaufwendig, sich auf den Weg zu machen, und manchmal sind auch mehrere Versuche notwendig, bis sich die Tür öffnet. Jedoch wird schon allein dadurch Interesse und Wertschätzung vermittelt, dass sich die Beraterin all diese Mühe macht, um in Kontakt zu kommen.

GASTGEBER UND GAST Anders als bei einem Termin in einer Beratungsstelle sind die Rollen beim Hausbesuch umgekehrt: Die besuchte Person ist Gastgeberin, der Besucher ist der Gast. Die Gastgeberin bestimmt das Setting. Sie legt fest, in welchem Raum der Wohnung das Gespräch stattfindet, und bietet einen Platz an. Es ist die gastgebende Person, die sich auf bekanntem Terrain befindet und sich (relativ) sicher fühlt.

Die Rolle des Gastgebers kann jedoch in manchen Fällen auch eine Überforderung des Klienten sein. Hier gilt es, die Situation zu entlasten. Für Frau Mikat im Fallbeispiel war es sehr wichtig, dass das Kaffeetrinken inklusive Kuchen stattfindet, also »wie es sich gehört«. Sie sah sich jedoch außerstande, den Kuchen zu besorgen. Ebenso war es ihr sehr unangenehm, in eine unaufgeräumte Wohnung einzuladen. Der einzige Ort, an dem Platz zum Sitzen war, war die Küche.

Manche Hausbesuche sind eine echte Herausforderung. Erlauben wir es beispielsweise, dass hinter uns die Wohnungstür abgeschlossen wird? Nehmen wir angebotene Getränke an, und zwar auch aus einem nur zweifelhaft sauberen Glas? Oder: Wie lehnen wir am besten ab, ohne das Gegenüber zu kränken?

Der Hausbesuch findet auf für die Klientin bekanntem Terrain statt. Dadurch hat sie mehr Kontrolle über die Situation und somit auch mehr Sicherheit. Aus diesem Sicherheitsgefühl heraus werden oft viele Einblicke gewährt und Kontextinformationen preisgegeben, die nicht unbedingt für unsere Augen und Ohren bestimmt sind. Es ist ein Eindringen in die Privatsphäre, das eine hohe Sensibilität des Beraters erfordert. Defizite der besuchten Person werden sichtbar, aber immer wieder auch ungeahnte Ressourcen der einzelnen Person oder der Familie. Individuelle Problemlagen sind somit besser erkennbar und der Hilfebedarf wird deutlicher, wenn man jemanden in seiner eigenen Wohnung besucht. Manchmal ersetzt ein längerer Hausbesuchstermin mehrere Termine in der Beratungsstelle.

Ist beim Besuch in der Beratungsstelle allein durch dieses Setting schon vieles definiert, sind beim Hausbesuch die Rollen oft unklar. In der Beratungsstelle haben wir eine professionelle Rolle, die zumeist nicht infrage gestellt wird. Beim Hausbesuch muss vieles immer wieder neu definiert werden, oft werden die Grenzen und Rollen auch im Verlaufe der Begegnung unscharf oder wechseln.

Die Möglichkeiten der Beziehungsgestaltung und Unterstützung bei der aufsuchenden Arbeit sind vielfältig. Beim gemeinsamen Tun wie Durchsehen der Post, Aufräumen der Wohnung oder anderer Unterstützungen im Alltag wird gemeinsam gelernt und eingeübt. Darüber hinaus entstehen dabei oft die besten und persönlichsten Gespräche, Vertrauen stellt sich ein.

Die Rollenvielfalt ist die große Chance des Hausbesuchs, birgt aber auch das Risiko, dass unklare Situationen entstehen, Rollen vermischt werden oder auch zu viel an Verantwortung übernommen wird. Handlungsspielräume können verloren gehen.

Bei einem späteren stationären Aufenthalt von Frau Mikat aus dem Fallbeispiel in einer somatischen Klinik wurde konsiliarisch ein Psychiater hinzugezogen. Auch ihm gegenüber beharrte sie darauf, dass bei ihr keine psychische Erkrankung vorliege. Darauf angesprochen, warum sie denn vom Sozialpsychiatrischen Dienst Unterstützung erhalte, meinte sie: »Weil Herr R. so nett ist.«

Ist dies nun ein Kompliment für die aufsuchende Hilfe und Ausdruck einer gelungenen Beziehungsarbeit oder zeugt es doch eher von mangelnder Professionalität? Das ist nicht immer leicht zu entscheiden und vielfach bleibt die Beziehungsarbeit eine Spagatübung. Jedenfalls zeigt sich daran das Spannungsfeld der verschiedenen Rollenfunktionen innerhalb der aufsuchenden Arbeit.

Zusammenfassend lässt sich sagen, dass Berater in der aufsuchenden Arbeit vielfältige Aufgaben übernehmen und flexibel sein müssen.

Gleichzeitig ist eine innere Klarheit notwendig, um hilfreich bleiben zu können und nicht in einem vermeintlich »persönlichen« Kontakt immer stärker die Distanz zu verlieren. Immer wieder neu sollten wir uns Fragen wie diese stellen: Welche Rollenfunktion nehme ich gerade ein und aufgrund welchen Auftrags? Stehe ich in der Gefahr, die Besuche allzu sehr zu privatisieren? Wo liegen kritische Punkte, die in der nächsten Zeit professionell von mir angegangen werden müssen?

Verantwortung und Grenzen

Die Verantwortung für den Beratungsprozess liegt auch beim Hausbesuch immer beim Berater. Die Aufgabe für die Helferinnen und Helfer ist es, den Prozess möglichst so zu gestalten, dass er hilfreich und zielführend ist, darüber hinaus aber auch stimmig und fachlich begründbar bleibt. Die Voraussetzung dafür ist eine möglichst gute Auftragsklärung.

DISTANZ Beim Hausbesuch besteht schnell die Gefahr, dass die Zeitstruktur aus den Fugen gerät. Es bleibt in der Beraterverantwortung, auf das Zeitmanagement zu achten, wenngleich es gilt, auf aktuelle Gegebenheiten flexibel zu reagieren und eine begonnene Hilfe nur in einem stabilen Moment zu beenden.

Ein weiterer wichtiger Punkt ist es, auf die Grenzen zu achten. Der Hausbesuch an sich ist schon ein Eindringen in die Privatsphäre eines anderen, deshalb ist es besonders wichtig, gut mit Nähe und Distanz umzugehen. Manchmal müssen wir sogar den anderen davor schützen, gleich beim ersten Gespräch zu viel von sich preiszugeben. Zu entscheiden ist zudem, wie viel wir über uns selbst erzählen möchten. Erfahrungsgemäß kommt es beim Hausbesuch öfter als bei Gesprächen in der Beratungsstelle zu Fragen, die sich auf den persönlichen Hintergrund der Beratenden beziehen. Sicherlich braucht nicht so stark auf

Abstinenz geachtet zu werden wie etwa in Psychotherapien, dennoch aber sollte das Privatleben der Helfer keine große Aufmerksamkeit erhalten, denn der Kontakt bleibt ein professioneller mit einem klaren Arbeitsauftrag sowie mit einer professionellen Distanz.

In manchen Beratungsprozessen wiederum können Gespräche in der Beratungsstelle förderlich sein. Dies schafft eine Distanz zum Alltag und zu den eingeschliffenen Verhaltensmustern. Auch kann dies ein Schutz- und Schonraum sein, in dem die Bearbeitung innerpsychischer Konflikte eher möglich ist. Räumliche Distanz zum Wohnumfeld schafft auch innere Distanz. Paargespräche und Familiengespräche sind manchmal ebenfalls besser in »fremder Umgebung« zu führen, denn damit wird der Therapieversammlung ein anderer Rahmen gegeben.

Ein wesentlicher Unterschied zwischen Hausbesuchen und Kontakten in der Beratungsstelle besteht für uns Helfende darin, welche Unterstützung wir vielleicht von unseren Kolleginnen und Kollegen schnell und auf einem unkomplizierten Weg erhalten können. Rasch können wir uns auch mal austauschen und im Notfall eventuell jemanden hinzuholen. Beim Hausbesuch hingegen sind wir zumeist allein vor Ort. In schwierigen Situationen müssen wir unter Umständen sogar schnelle Entscheidungen treffen, ohne diese erst mit den Kollegen unmittelbar beraten zu können. Zumeist handelt es sich dann um Fragen der Selbst- oder Fremdgefährdung. Ist es absehbar, dass eine schwierige Situation auf uns wartet, sollte der Hausbesuch gleich zu zweit durchgeführt werden – soweit dies personell machbar ist.

Darüber hinaus sollte es möglich sein, sich vor und nach dem Hausbesuch mit den anderen auszutauschen – im Notfall unmittelbar, unter Umständen auch per (zuvor vereinbarter) Telefonerreichbarkeit, ansonsten in der nächsten Besprechung.

Bei Terminen in der Beratungsstelle ist meist verabredet, wer zu dem Termin erscheint. Kommen wider Erwarten doch weitere Personen mit, kann entschieden werden, wer mit in das Gespräch geht und wer nicht. Bei der aufsuchenden Arbeit wiederum ist nicht immer vorherzusehen, wer in der Wohnung anwesend sein wird. Manchmal nutzen Angehörige die Situation, um ihre Sicht der Dinge darzustellen, manchmal auch, um sich zu entlasten, zuweilen recht »ungebremst« und überfallartig. Allerdings ist es auch oft eine Chance, über Angehörige den Kontakt zum Betroffenen herzustellen oder sogar gemeinsame Gespräche zu führen, die als Paar- oder Familiengespräch in der Beratungsstelle nie stattfinden würden.

Hausbesuche werden auch von Nachbarn und gegebenenfalls in der Nähe wohnenden Angehörigen oder Freunden wahrgenommen. Dies kann zum einen zur Entspannung der Situation beitragen, da sich jemand um die (vielleicht bereits seit Langem) schwierige Situation kümmert und dadurch Entlastung und Beruhigung eintreten. Zum anderen kann es auch zur unerwünschten Stigmatisierung beitragen und zur Offenlegung von bisher gut verdeckten Problemen. Hausbesuche sind, bezogen auf das soziale Umfeld, im Vergleich mit einem Besuch in der Beratungsstelle mit weit weniger Anonymität verbunden.

GEFAHR Bei Fragen der Verwahrlosung, Suizidalität, Selbst- und Fremdgefährdung wird besonders deutlich, dass die Sozialpsychiatrie oft im Spannungsfeld von Hilfe und Kontrolle arbeitet. Ist in der Beratungsstelle nur beurteilbar, was die Klientin zeigt, so ist bei Hausbesuchen ein umfassenderes Bild möglich und werden Gefährdungslagen deutlicher. Hier ist es wichtig, diese auch wirklich wahrzunehmen, nicht zu bagatellisieren und entsprechend zu handeln.

Es kann die Einleitung von Zwangsmaßnahmen notwendig sein, aber es können auch Unterstützung und Maßnahmen eingeleitet werden, um diese abzuwenden. Einem (vor-)schnellen Eingreifen durch Einleitung von Zwangsmaßnahmen steht eine tolerante und abwartende Haltung gegenüber, die den Wohnungsverlust durch Verwahrlosung, Selbstgefährdung durch offenliegende Stromleitungen oder Ähnliches in Kauf nimmt.

Hilfreich kann ebenfalls sein, dass wir zuerst die Einschätzung des Teams einholen und auch die eigenen Werte und Normen reflektieren. Der Klientin gegenüber sollten wir die Übergänge deutlich machen und mit Klarheit und Transparenz thematisieren, welchen »Hut« (im Sinne der oben genannten Funktionen) wir gerade aufhaben. Sind wir Beraterin und die Verantwortung liegt beim Klienten oder sehen wir uns in der Garantenpflicht und übernehmen die Verantwortung und Entscheidung in der Sorge um den Klienten. > Gefahr, Seiten 75, 138

Zusammenfassend lässt sich sagen:

- Viele Klienten würden gar nicht erreicht, wenn nicht durch aufsuchende Arbeit.
- Mancher Hausbesuch erspart mehrere Termine in der Beratungsstelle, weil sich die Mitarbeitenden schneller und umfassender einen Eindruck davon machen können, welche Hilfe benötigt wird.
- Der Beziehungsaufbau geht unter Umständen schneller und die Hilfe ist somit besser umsetzbar.
- Wenn ein Termin in der Beratungsstelle möglich und zur Aktivierung des Klienten sinnvoll ist, sollte dieser auch dort stattfinden.
- Es ist spannend, auf Hausbesuche zu gehen und an den Lebenswelten der Klientinnen teilzuhaben.
- Die Zeiten während der Autofahrten oder in der Bahn lassen sich nutzen, um den einen Hausbesuch noch mal nachklingen zu lassen oder sich gedanklich auf den nächsten vorzubereiten. Im Büro steht meist schon der nächste Klient vor der Tür oder es werden noch schnell zwei Telefonate zwischendurch erledigt.

Aufsuchende Arbeit ist immer wieder eine Herausforderung, und zwar sowohl für die psychiatrisch Tätigen als auch für die Klientinnen und Klienten, die uns einen Einblick in ihre Lebenswelt gewähren.

Anlässe für einen Hausbesuch

Im sozialpsychiatrischen Arbeitsfeld besteht meist ein komplexer Hilfebedarf mit dem Erfordernis, Prioritäten zu setzen. Dies geschieht in enger Verbindung mit einer ganzheitlichen, umfassenden Vorgehens- und Herangehensweise, die situativ angemessen sein muss. Das kann heißen, manchmal geduldig und aktiv wartend zu agieren, dann wieder Verantwortung zu übernehmen oder auch mit viel Kreativität und Fantasie Hilfe anzubieten. Die vielfältigen Problemlagen legen auch oft den Ort der Handlung fest – ambulant aufsuchende Tätigkeit und damit der Hausbesuch werden zu einem zentralen Bestandteil des Handelns.

Hausbesuche beinhalten Chancen und Risiken. Zudem sind sie häufig mit einem höheren Aufwand verbunden und benötigen viele Ressourcen. Es sollte stets überlegt werden, wann ein Termin in der Beratungsstelle möglich und wann ein Hausbesuch angezeigt, sinnvoll und notwendig ist.

Krisenintervention und Notfall

Der sicherlich offensichtlichste Anlass für einen Hausbesuch ist die akute Krisensituation (siehe auch Rupp 2003 und 2018). Diese kann viele verschiedene Gesichter haben: Es kommen Meldungen von Ämtern, Nachbarn, Angehörigen und anderen, die »Alarm schlagen«. Oder aber ein Klient, der sonst zuverlässig seine Termine einhält, erscheint zu einem Termin nicht und ist auch nicht erreichbar.

Für die Einschätzung der Situation und die Entscheidung über mögliche Interventionen stellt es einen Unterschied dar, ob wir die betreffende Person bereits kennen oder ob sie uns völlig fremd ist und es sich um eine Erstanfrage handelt.

Es kann sich bei einem solchen Einsatz um psychosoziale Krisen und eskalierte Familienkonflikte handeln. Beispielsweise kann es sich um eine Krise wie eine akute psychotische Entwicklung mit zum Teil hoher Angespanntheit des Betroffenen handeln oder auch um eine suizidale Krise. Wir können dabei entweder von anderen beauftragt werden und bei Ankunft willkommen sein oder unerwünscht, da uns der Betroffene nicht sehen will.

Bei Anfragesituationen, die auf eine eventuelle Gefahr hindeuten, sollte der Hausbesuch zu zweit durchgeführt oder auch die Polizei gleich mit hinzugezogen werden. Unter Umständen wirkt schon dies deeskalierend und kann die Bereitschaft erzeugen, sich auf eine Hilfeleistung überhaupt einzulassen angesichts der Ernsthaftigkeit der Lage.

Egal, von wem der Auftrag kommt und ob wir als Sozialpsychiatrischer Dienst tätig werden, als Mitarbeiterin des Betreuten Wohnens oder in einer anderen Funktion, in Krisensituationen ist es immer auch unsere Aufgabe, abzuklären, ob es sich hier um einen Notfall handelt und ob die beraterischen Möglichkeiten noch ausreichen. Ist von einer Selbst- oder Fremdgefährdung auszugehen und sind alle zur Verfügung stehenden Möglichkeiten ausgeschöpft, so bleibt manchmal nur die Wahl, eine zwangsweise Unterbringung zu veranlassen. Zu bedenken ist dabei, dass dies auch eine Form von Verlässlichkeit und Sicherheit darstellt, dass wir nämlich angemessen auf Krisen reagieren – so paradox dies zunächst auch klingen mag.

BEISPIEL

Der Sohn von Frau Karl meldet sich und meint, seiner Mutter würde es sehr schlecht gehen. Ob nicht rasch jemand kommen könnte. Obwohl Frau Karl bekannt ist, besteht seit Längerem kein Kontakt mehr zu ihr, da sie diesen vehement abgelehnt hatte. Sie

lebt allein und der Sohn kommt hin und wieder zu Besuch. Aufgrund der Dringlichkeit, die der Sohn vermittelt, und um die Gelegenheit seiner Anwesenheit zu nutzen, wird ein Hausbesuch für denselben Tag vereinbart.
Es stellt sich heraus, dass Frau Karl seit geraumer Zeit das Essen eingestellt hat und nun nach Aussage des Sohnes auch keine Flüssigkeit mehr zu sich nimmt. Über die Gründe will sie sich nicht äußern, jedoch ist zu vermuten, dass dies mit ihrem wahnhaften Erleben zu tun hat. Körperlich ist sie in einem sehr schlechten Zustand, weigert sich jedoch auch weiterhin, zu essen und zu trinken. Ein ihr angebotenes Glas Wasser lehnt sie vehement ab. Auch ist sie nicht bereit, mit in die Klinik zu fahren.
Der Mitarbeiter vermittelt ihr sehr deutlich, dass er sie so nicht in ihrer Wohnung zurücklassen könne und es keine andere Möglichkeit gebe, als sie in die Klinik zu bringen, und er nun den Krankenwagen rufen werde. Wenn sie nicht freiwillig mitführe, werde er auch noch den Notarzt und die Polizei benachrichtigen.
Als der Krankenwagen kommt, geht Frau Karl ohne allzu große Widerstände mit, sodass die Polizei nicht hinzugezogen werden muss.

Kontakt in der Lebenswelt des Klienten

Die Hürde, in eine Beratungsstelle zu gehen, kann aus ganz unterschiedlichen Gründen recht hoch sein. Häufig liegt das Ausweichen in der Erkrankung selbst begründet: Ängste, das Haus zu verlassen und öffentliche Verkehrsmittel zu benutzen; die Sorge, es nicht zu schaffen, zu einer bestimmten Uhrzeit an einem bestimmten Ort zu sein; die Angst, einen fremden Ort aufzusuchen, an dem sich auch andere Menschen aufhalten, was zu Verhaltensunsicherheiten führen könnte.

Auch körperliche Einschränkungen, kulturelle Besonderheiten oder Besonderheiten in der Lebensgeschichte oder in der sozialen Situation (Versorgung kleiner Kinder, schlechte Anbindung an öffentliche Verkehrsmittel, kein Geld für die Fahrkarte etc.) können Gründe sein. Hier kann ein Hausbesuch notwendig werden, da ansonsten kein Kontakt zustande käme und erst recht nicht aufrechterhalten werden könnte.

Eine besondere Form der aufsuchenden Arbeit ist der Kontakt auf der Straße. Menschen, die keine Wohnung haben beziehungsweise es nicht schaffen, sich in einer Wohnung oder Wohnungsloseneinrichtung aufzuhalten. Häufig ist eine psychische Erkrankung Mitursache für die Situation. Auch hier kann der dringende Hilfebedarf eines Menschen in einer Krise vorliegen, jedoch ist der Weg in die Beratungsstelle oft zu hochschwellig.

Ein Hausbesuch kann aufgrund schwer zu überwindender Hürden zwingend notwendig sein, er kann jedoch auch als ein Entgegenkommen des Beraters verstanden werden, um so zu ermöglichen, dass die Kontakte in einer entspannteren Atmosphäre stattfinden.

Ein Hausbesuch kann nötig sein, um überhaupt einen Kontakt zum Hilfesystem herzustellen, er ist aber auch eine gute Möglichkeit, sich von der Lebenssituation eines Hilfebedürftigen ein Bild zu machen.

Beziehungsaufbau und Bedeutungsgebung

In der Betreuungsarbeit kann es sehr hilfreich sein, die Bedeutungsgebung, die einem Hausbesuch beigemessen wird, zu nutzen. Manchmal ist der Zugang über einen Hausbesuch recht einfach und es kann rasch eine helfende Beziehung aufgebaut werden. Erfährt die Klientin eine Aufwertung durch den Hausbesuch, so kann dies unter Umständen nachhaltige Wirkung auf andere Bereiche haben.

Manchmal wird auch in einem längeren Beratungsprozess der Wunsch vom Klienten geäußert: »Jetzt müssen Sie mich mal besuchen kommen. Ich möchte, dass Sie sehen, wie ich lebe.« Solchen Einladungen sollten wir Bedeutung beimessen und – bei aller Abwägung von Nähe und Distanz – nachgehen. Offenbar ist es der Person wichtig, ganzheitlicher gesehen zu werden und einmal Gastgeber zu sein. Ebenso kann ein solcher Besuch ein guter Abschluss des Beratungsprozesses sein oder auch die Weiterarbeit in der Beratungsstelle fördern.

BEISPIEL

Frau Öner lebt allein. Aufgrund einer Depression hat sie sich seit Jahren nicht mehr um ihre Wohnung gekümmert. Die Küche ist alt und renovierungsbedürftig, manche Geräte funktionieren nicht mehr. Es geht ihr aber inzwischen zunehmend besser und sie möchte nun auch in ihrer Wohnung wieder etwas verändern. Über eine Spende und mit der Unterstützung der Praktikantin gelingt es, die lange überfällige Renovierung der Wohnung und Modernisierung der Küche umzusetzen. Frau Öner lädt anschließend alle Beteiligten zu einem Essen bei sich zu Hause ein. Es ist für sie wichtig, alle zu bewirten und damit ihren Dank für die Unterstützung auszudrücken.

Lebensrealität erfahren

Hilfreich für die weitere Arbeit kann es sein, sich durch einen Hausbesuch einen Eindruck von der Lebensrealität des Klienten zu verschaffen. Bei einem Hausbesuch erhalten wir viele Informationen, die wir bei Terminen im Beratungszentrum nur unter sehr viel Zeitaufwand oder auch gar nicht erhalten. Wie ist die Wohnung gestaltet? »Lebt« hier jemand oder hält er sich nur in der Wohnung auf? Wie ist das Umfeld, die Nachbarschaft, die Wohnsiedlung?

Hinzu kommt, dass auch wir die Informationen mit allen Sinnen und vielschichtiger begreifen, wenn wir vor Ort sind. Wir können Stimmungen im Haus, der Siedlung oder auch in der Wohnung mit den anderen Familienmitgliedern aufnehmen, die oft nur schwer mit Worten beschreibbar und vermittelbar sind. Diese werden häufig von den Klientinnen und Klienten nicht transportiert, da dies für sie Gewohnheit ist und nicht mehr wahrgenommen wird, gleichwohl unterschwellig wirkt. Auch Gerüche können eine wichtige Rolle spielen.

In der weiteren Arbeit mit dem Klienten ermöglicht ein Besuch ein umfassenderes und tieferes Verständnis für dessen Lebensrealität und den daraus erwachsenden Verhaltensweisen. Manches ist im Kontext verstehbar, was ansonsten nur befremdlich und allzu schnell »krank« wirkt (Obert 2013, S. 164 ff.).

Kontakte zu Familienangehörigen

Familienangehörige sind manchmal nur durch einen Hausbesuch erreichbar, da sie nie zum Termin in die Beratungsstelle mitkommen würden, sei es aus Berührungsängsten oder weil sie sich als Unbeteiligte sehen, da es ja der Partner ist, der die psychische Erkrankung hat. Ebenso kann die Beobachtung der Interaktionen zwischen den Familienangehörigen in der gewohnten Umgebung zu einem besseren Verständnis der Familiendynamik führen.

BEISPIEL

Frau Faska lebt gemeinsam mit der inzwischen pflegebedürftigen Mutter im elterlichen Haus. Sie erzählt häufig von ihrer Schwester, die in der Nachbarstadt wohnt. Diese würde sie sehr unter Druck setzen und von ihr Dinge verlangen, die sie nicht mehr könne. Häufig endet der Streit damit, dass die Schwester sie anschreie und wutentbrannt die Wohnung verlasse. Durch die eigene psychische Erkrankung und die Pflegeverantwortung für die Mutter

geht es Frau Faska sehr schlecht: Sie ist mit der Pflege überfordert, hat Angstzustände und entwickelt zunehmend Ideen, dass andere nach ihrem Leben trachten würden.
Bei einem Hausbesuch kommt zufällig die Schwester vorbei, da sie den Einkauf für Mutter und Schwester erledigen will. Ganz »zufällig« ist also plötzlich ein Familiengespräch mit der Mutter und den beiden Schwestern möglich. Es gelingt zumindest ansatzweise, zu vermitteln, dass Frau Faska psychisch krank ist und es aufgrund dieser Erkrankung derzeit nicht schaffe, aus dem Haus zu gehen und einzukaufen. Die Symptome würden sich durch die Überforderungssituation eher verschlechtern. Gemeinsam überlegen nun alle, welche pflegerischen und hauswirtschaftlichen Hilfen durch einen Pflegedienst möglich sind, um beide Schwestern zu entlasten. Die Mutter hat dies zuvor schon einmal abgelehnt, akzeptiert dies nun aber notgedrungen.

Häusliche Unterstützung

Die Notwendigkeit von Hausbesuchen versteht sich von selbst, wenn es um Unterstützung im häuslichen Umfeld geht. Dies kann die Hilfe bei der Organisation des Haushalts sein oder auch die nachhaltige Veränderung in einer »Messi-Wohnung« durch die Entwicklung anderer Verhaltensstrategien. Manchmal ist es auch das Abarbeiten von Stapeln ungeöffneter Post und das Einsortieren in Ordnern, die dann auch gleich beim Klienten verbleiben können. Dies entlastet unsere eigenen Büroräume und macht deutlich, dass die Verantwortung beim Klienten liegt.

Bei manchen Hausbesuchen erhält man den Eindruck, dass diese Wohnung nicht bewohnt und dass keinerlei persönliche Gestaltung abzulesen ist – kein Zuhause im eigentlichen Sinne. Dies kann ein Ausdruck davon sein, dass sich die Bewohner in sich selbst nicht zu Hause fühlen oder den Kontakt zu sich und der Umwelt verloren haben. Manchmal gelingt es über Hausbesuche, die Wohnung wieder aufzuwerten, mit etwas Leben zu füllen und gemeinsam daran zu arbeiten, was es braucht, um zumindest etwas mehr »anzukommen«, »bei sich« zu sein.

Eine solche häusliche Unterstützung ist oft sehr zeitaufwendig und erfolgt meist im Rahmen des ambulant Betreuten Wohnens, durch Ergotherapie oder auch als häusliche psychiatrische Pflege.

Beratungsstelle oder Hausbesuch: Wo sollte ein Termin stattfinden?

Es gibt Situationen, in denen ein Termin in der Beratungsstelle gegenüber einem Hausbesuch vorzuziehen ist. Das »offiziellere« Setting der Beratungsstelle kann bewirken, dass dem Gespräch eine andere Bedeutung beigemessen wird. Manchmal gelingt es dadurch, Angehörige mit ins Boot zu holen oder auch kulturellen Unterschieden in der Bedeutungsgebung Rechnung zu tragen.

BEISPIEL

Frau Asma kommt aus Eritrea. Sie lebt mit ihrer Familie – dem Mann und den zwei nun fast erwachsenen Töchtern – seit über zwanzig Jahren in Deutschland. In der Vergangenheit kam es, insbesondere als die Kinder noch klein waren, zu zwangsweisen Einweisungen, da sie immer wieder die Idee entwickelte, das Essen könne vergiftet sein und sie müsse sich und ihre Kinder schützen. In akuten Phasen erhielt auch der Ehemann keinen Zutritt mehr zur Wohnung. Unter der Einnahme von Medikamenten ging es Frau Asma nach kurzer Zeit wieder gut und sie konnte weiterhin für sich und ihre

Familie sorgen – bis zur nächsten Krise. Frau Asma setzte dann so bald wie möglich die Medikamente wieder ab. Gespräche über einen selbstverantwortlichen Umgang mit der Erkrankung und notwendige Reaktion auf Frühwarnzeichen waren nicht möglich. Bei Hausbesuchen mied der Ehemann den Kontakt zu den Helfern und meldete sich erst wieder, wenn die Krise bereits so weit fortgeschritten war, dass er nicht mehr in die Wohnung kam.

Erst regelmäßige Gespräche in der Beratungsstelle mit schriftlicher Einladung führen dazu, dass Herr und Frau Asma einen anderen Umgang mit der Erkrankung und auch miteinander entwickeln.

Manchmal kann es hilfreich sein, für Gespräche das Setting zu wechseln. Die andere Umgebung erleichtert es, mit etwas mehr Abstand auf die Beziehungsdynamik zu schauen und nicht sofort in den alten Rollenmustern zu agieren. So liegt eine Frau vielleicht wochenlang depressiv vorrangig im Bett. Die Termine in der Beratungsstelle und bei ihrem Psychiater allerdings bleiben immer Anlässe dafür, dass sie aufsteht, sich anzieht, »zurechtmacht« und das Haus verlässt.

Besteht der Eindruck, dass es für eine Klientin ganz bequem ist, sich nicht auf den Weg machen zu müssen, entsteht mit Helfenden schnell eine Diskussion über die wirkliche Bedürftigkeit und Wertigkeit des Hausbesuchs. Wer nimmt die Anstrengung des Weges auf sich? Hier ist es sicherlich wichtig, von Zeit zu Zeit mit der Klientin zusammen eine Auftrags- und Zielklärung vorzunehmen. Manchmal ergibt sich daraus auch die Vereinbarung, Hausbesuche und Gespräche in der Beratungsstelle abzuwechseln. Dies kann zumindest für eine gewisse Zeit einen guten Kompromiss darstellen (siehe auch GERULL 2002 und 2014).

Bei allem Handeln sollte der Aspekt der Förderung von Kompetenz und Selbsthilfe mitbedacht werden, um die Klienten zu »empowern«.

Die Durchführung des Hausbesuchs

Anfragesituationen und Kontaktaufnahme

Hilfeanfragen an die jeweiligen »Bausteine« der Sozialpsychiatrie erfolgen vor allem, wenn es sich um Erstanfragen handelt. Das betrifft allen voran die Sozialpsychiatrischen und Gerontopsychiatrischen Dienste. Diese beiden Dienste übernehmen mit ihren Funktionen und Aufgaben in der Regel die regionale Basisversorgung für (chronisch) psychisch kranke Menschen. Die Anfragen sind vielfältig und vielschichtig. Sie erfolgen aus dem Netz der psychiatrischen Hilfen (Kliniken, Nervenärzte, Institutsambulanzen), der nicht psychiatrischen Hilfen (Allgemeinärzte, niedergelassene Psychotherapeuten, Allgemeiner Sozialdienst, Wohnungslosenhilfe, Job-Center, Sozialamt, Beratungsstelle etc.) der Kirchengemeinden, aber auch direkt aus dem Sozialraum der Betroffenen (Angehörige, Nachbarn, Freunde, Bekannte).

Die große Mehrheit der Anfragen geschieht telefonisch, deutlich seltener schriftlich oder durch direkte Kontaktaufnahme in den Beratungsstellen. Bei der Annahme einer Anfrage geht es um das Erfassen, das Verstehen und das Aufspüren dessen, was der Fall ist. Diese Tätigkeit erfordert eine umfassende Kompetenz sowohl hinsichtlich des Wissens um das Versorgungsnetz als auch hinsichtlich der Anforderung an Vermittlungs- und Methodenkompetenz (Telefondienst und Hintergrunddienst).

Hier interessiert uns in erster Linie die Entscheidung, warum ein Hausbesuch mit seiner Vorbereitung, Planung und Durchführung notwendig ist und welche Schritte genau zu erfolgen haben. > Anlässe, Seiten 26 ff.

Spontanes Handeln oder geplante Termine?

Sofortiges Eingreifen

Selbstverständlich kann ein sofortiges, rasches Handeln auch in den Räumen der Beratungsstelle selbst erfolgen, zum Beispiel wenn die Polizei mit einem wohnungslosen psychisch kranken Menschen »vorbeikommt«, eine Mutter mit ihrem Sohn ohne Ankündigung »hereinschneit« oder ein psychisch Kranker auf Druck seines Hausarztes den Kontakt unmittelbar herstellt und Ähnliches.

In der Mehrzahl der Situationen, in denen sofortiges Eingreifen angezeigt ist, handelt es sich jedoch um Hausbesuche. Entweder sprechen alle Hinweise und Anzeichen eindeutig für die Entscheidung zu einem Hausbesuch oder die Informationen und Hinweise sind so diffus, dass aus einer Situation der Unklarheit und Unsicherheit heraus ebenso umgehendes Handeln vor Ort angezeigt ist. Dabei stellt es hinsichtlich der Nachvollziehbarkeit und Plausibilität keinen Unterschied dar, ob die Anfrage vom Amt für öffentliche Ordnung, der Polizei, dem niedergelassenen Nervenarzt, von den Nachbarn oder den Angehörigen an die ambulante Arbeit herangetragen wird.

BEISPIEL

Die Frau von Herrn Beck ruft nach Empfehlung ihres Pfarrers aufgeregt und hoch emotionalisiert im Sozialpsychiatrischen Dienst an. Sie berichtet, dass ihr Mann zu Hause angetrieben, angespannt und alkoholisiert aufgetaucht sei. Er spreche von irgendwelchen Anrufen in Rom und in seinem Heimatland, die er zu erledigen habe. Er sei dazu auserkoren, den Widerstand im Heimatland zu organisieren. Als er erneut wieder das Haus habe verlassen wollen, habe sie ihn aufzuhalten und mit ihm zu reden versucht. Sehr abrupt und vehement habe er sie vor den Augen der beiden Kinder zur Seite gestoßen und Drohungen bezüglich einer Bekannten

geäußert, die er jetzt besuchen wolle. Frau Beck habe Angst vor ihm, auch wegen der Kinder. Ihre Bekannte habe sie schon informiert, damit diese die Wohnung verlassen könne.
Nach kurzer Rücksprache mit einer Kollegin des Sozialpsychiatrischen Dienstes entscheiden sich die Mitarbeiter dazu (auch aufgrund gewalttätiger Übergriffe in jüngerer Vergangenheit, von denen Frau Beck berichtete), sofort mit der Polizei Herrn Beck zu suchen. Es bestehe nach den vorliegenden Erfahrungen eine akute und nicht ungefährliche Situation, lautet die Begründung. Mit der Polizei fahren zwei Mitarbeiter zur Wohnung. Auf der Straße vor dem Haus treffen sie Herrn Beck bereits an. Er ist ihnen nicht unbekannt, weil ihn ein Mitarbeiter schon einmal in der Klinik gesehen hat, allerdings lehnte er den Kontakt in der Klinik vehement ab. Durch gutes und geduldiges Zureden lässt er sich nach kurzer Rücksprache mit der Institutsambulanz schließlich von der Polizei und den Mitarbeitern freiwillig in die psychiatrische Klinik bringen. Er ist sichtlich erschöpft und weinerlich und meint, dass er nun nichts mehr für sein Land tun könne.
Bei regelmäßigen Besuchen in der Klinik entsteht Schritt für Schritt über das Zuhören und die Klärung der im Vordergrund stehenden Probleme eine Vertrauensbeziehung zu ihm wie auch zu seiner Frau.

Hier wird deutlich, wie in einer akuten und heiklen Situation, in der fremdgefährdendes Verhalten droht beziehungsweise auch schon stattgefunden hat, sofort gehandelt werden muss. Die vorliegenden Informationen, die eindeutig auf eine manifeste Gefährdung des Wohles Dritter hinweisen, erfordern die Hinzuziehung der Polizei. Das Beispiel belegt jedoch auch die immer wieder zu machende Erfahrung, dass trotz einer zwangsweisen Unterbringung, die durch die sozialpsychiatrischen Hilfen eingeleitet und auch begleitet wird, der Kontakt aufrechterhalten werden kann. Dies gelingt, wenn nach Abklingen der akuten Symptomatik der Prozess und die Ereignisse, die zur Unterbringung führten, mit Empathie und Transparenz nachbesprochen und bearbeitet werden.

BEISPIEL

Der Vater von Herrn Kaufmann meldet sich telefonisch ebenso angespannt wie besorgt beim Sozialpsychiatrischen Dienst. Sein Sohn, Mitte dreißig, sei vor rund drei Monaten in einer psychiatrischen Klinik weit entfernt untergebracht gewesen, nachdem er im Zustand einer akuten paranoiden Psychose gegenüber einer anderen Person tätlich geworden war. Nach etwa sechs Wochen sei er in die örtliche psychiatrische Klinik verlegt worden. Nach der Entlassung habe Herr Kaufmann mit der Unterstützung des Vaters eine Wohnung gefunden und bezogen. Nach und nach sei er erneut akut paranoid geworden, fühle sich vom Geheimdienst verfolgt und sei davon überzeugt, dass der Vermieter seiner Wohnung, der unter ihm wohne, und ein weiterer Mieter im Hause die Aktivitäten der Verfolger unterstützen würden. Deswegen war es auch schon zu lautstarken und fast tätlichen Auseinandersetzungen gekommen. Der Vermieter hätten ihm (dem Vater) telefonisch mitgeteilt, dass sie wegen dieser Vorfälle und des Rückstandes zweier Monatsmieten eine Kündigung mit Räumungsklage in die Wege leiten würden. Sämtliche Versuche, mit seinem Sohn vernünftig zu reden, seien gescheitert. Er wisse nicht mehr weiter und bitte um Unterstützung und Hilfe.

Die Schilderung der Situation lässt ohne Zweifel auf eine akute Erkrankung schließen. Nach den Angaben des Vaters sind Selbst- und Fremdgefährdung nicht mehr auszuschließen. Die Mitarbeiterin versichert ihm, dass sie sich umgehend wegen der drohenden Räumungsklage und der Verschlechterung des Gesundheitszustandes

mit seinem Sohn in Verbindung setzen würde. Der Vater ist damit einverstanden, dass sie sich bei der Kontaktaufnahme auf ihn beziehen könne. Er bedankt sich für die schnelle Unterstützung.
Die Mitarbeiterin entschließt sich, parallel zu Herrn Kaufmann – nach Abwägung des persönlichen Datenschutzes und dem Schutz des Allgemeinwohls – auch mit dem Vermieter Kontakt aufzunehmen, um mehr über die aktuelle Situation zu erfahren und ein umfassenderes Bild als Grundlage für eine situationsangemessene Entscheidung herzustellen.
Der Vermieter bestätigt die Informationen des Vaters und ist fürs Erste einmal beruhigt, dass der Dienst mit einbezogen wurde. Er würde sich melden, sollte erneut irgendetwas vorfallen. Gleichzeitig entschließt sich die Mitarbeiterin nach reiflicher Überlegung, prophylaktisch mit dem Amt für öffentliche Ordnung Kontakt aufzunehmen. Sie vereinbart mit dem Amt, Herrn Kaufmann gemeinsam einen Besuch abzustatten, falls er keinen Kontakt zulasse. Da zu Herrn Kaufmann einige besorgniserregende Polizeiberichte vorliegen, ist das Amt für öffentliche Ordnung sehr alarmiert und hält den Kontaktaufbau für dringend erforderlich.
Nach der schriftlichen Ankündigung öffnet Herr Kaufmann zur Überraschung der Besucher die Wohnungstür und bittet sie hinein. Ein Gespräch über die psychische Erkrankung ist allerdings überhaupt nicht möglich. Herr Kaufmann hat zwar ein großes Bedürfnis, seine »Geschichte« loszuwerden, das Hinterfragen seiner Fantasien und Wahnideen ist in den ersten Gesprächen jedoch nicht einmal ansatzweise möglich und würde sofort wieder zur Beendigung des Kontakts führen. Selbst nach geraumer Zeit gestaltet sich das Gespräch zu diesem Thema immer noch äußerst schwierig. Der Versuch, ihm nahezulegen, dass Medikamente helfen könnten, sich weniger belastet und gequält zu fühlen, die vor-

sichtig vorgebrachte Ansicht, dass seine Ideen eventuell in Verbindung mit seinem Innenleben zu sehen seien, führt zum abrupten Abblocken des Gesprächs. Er wisse sicher, dass er nicht psychisch krank sei.

Nur die drohende Räumungsklage und die noch bestehenden Schulden bei früheren Bekannten ermöglichen zu Beginn den Zugang zu Herrn Kaufmann und schließlich einen sukzessiven, tragfähig werdenden Kontakt. Auch in den späteren Phasen bleibt Herr Kaufmann ausschließlich über Hausbesuche erreichbar.

Zwar liegt auch in diesem Fall potenziell fremdgefährdendes Verhalten vor und das Risiko krankheitsbedingter tätlicher Übergriffe kann nicht ausgeschlossen werden, jedoch ist im Unterschied zum vorhergehenden Beispiel ein sofortiges Handeln nicht unbedingt angezeigt. Nach Informationen der Umgebung besteht keine unmittelbare Bedrohung. Allerdings erfordern Gefühl und Wahrnehmung in Verbindung mit der gemeinsamen Reflexion im Team eine doch zügige Abklärung mit dem Amt für öffentliche Ordnung.

BEISPIEL

Der Hausarzt von Herrn Stark ruft in großer Sorge in der Beratungsstelle an, weil er einen Hausbesuch machen wollte und Herr Stark ihm nicht geöffnet habe, was äußert ungewöhnlich sei. Er fragt den Mitarbeiter nach seiner Einschätzung, weil er ihn schon seit längerer Zeit kennt. Herr Stark äußert in seinen paranoiden Verkennungen immer mal wieder sehr ernst zu nehmende suizidale Äußerungen. Zudem leidet er an Diabetes.

Da Herr Stark bei vereinbarten Terminen eigentlich immer öffnet, jetzt aber trotz mehrerer Anrufe über den ganzen Tag hinweg nicht ans Telefon geht, entscheidet sich der Mitarbeiter zu einem Hausbesuch. Trotz intensiven Klingelns öffnet Herr Stark nicht, sodass der Mitarbeiter letztlich entscheidet, die Polizei und die Feuerwehr hinzuzurufen, um die Wohnungstür gewaltsam zu öffnen. Überrascht, konsterniert und gleichzeitig sehr ärgerlich öffnet Herr Stark die Wohnungstür, als sich die Feuerwehr an der Tür zu schaffen macht, und fragt, was sie denn wolle. Ebenso überrascht, aber doch letztlich froh, dass nichts passiert ist, bittet der Mitarbeiter die Einsatzkräfte, sich wieder zurückzuziehen und ihn mit Herrn Stark allein zu lassen, um die Situation zu erläutern und zu klären. Aufgebracht und ärgerlich schimpft jener, dass es den Mitarbeiter doch nichts angehe, »wenn er verrecke«, doch dieser antwortet, er habe sich ernsthafte Sorgen um ihn gemacht. Diese Äußerung, dass überhaupt jemand um ihn in Sorge sei, überrascht Herrn Stark und stimmt ihn nachdenklich, konziliant und wieder friedlicher.

Unabhängig von der Organisation oder der Person, die sich an das Hilfesystem wendet, kennzeichnen sich alle Situationen, wie sie in den Beispielen dargestellt sind, vorrangig dadurch, dass es sich auf der einen Seite um eine besorgte und überforderte Umgebung handelt, auf der anderen Seite um psychisch erkrankte Menschen, denen es schwerfällt, Hilfe und Unterstützung anzunehmen. Gleichzeitig handelt es sich gerade zu Beginn um eine bedeutsame Phase, die ganz entscheidend dafür ist, ob ein Kontakt und in Folge eine Beziehung entstehen können. Dabei spielt der Hausbesuch eine herausragende Rolle.

Zudem kommt die Dringlichkeit der Situation hinzu, in der umgehendes Handeln erforderlich ist und die wichtige und wesentliche Abklärung, ob eine akute Selbst- und / oder Fremdgefährdung vorliegt. Dies kann oftmals nur durch einen Hausbesuch geklärt werden.

Sorgfältig vorbereitetes Handeln nach Terminvereinbarung

Deutlich entspannter und gelassener sind jene Situationen, in denen kein akuter Handlungsbedarf besteht, allerdings bedeutet das nicht gleichzeitig, dass die betreffenden Personen (direkt Betroffene oder soziale Umgebung) nicht unter der Situation leiden würden. Aus dem breiten Spektrum der Anfragen an den Sozialpsychiatrischen Dienst oder an vergleichbare Stellen wollen wir drei Beispiele mit unterschiedlichen Personen und Organisationen herausgreifen. Bei allen dreien kann nach Absprache mit den Anfragenden und nach Rückkoppelung im Team sorgfältig ein Hausbesuchstermin geplant werden. In die Planung gehen selbstverständlich Kriterien und Überlegungen ein, die zu wichtigen Standards alltags- und lebensweltorientierten sozialpsychiatrischen Handelns gehören (Thiersch 1986, S. 34 – 38; Thiersch 1995, S. 124 – 196; Obert 2001, S. 129 ff.)

BEISPIEL

Nachbarn von Herrn Röber haben sich an das Amt für öffentliche Ordnung mit folgender Information gewandt: Herr Röber würde nachts laut schreien und schimpfen, in der Wohnung auf und ab gehen, Möbel rücken und Türen schlagen. Tagsüber verhalte er sich ruhig, lebe zurückgezogen und wäre kaum zu sehen. Wenn man sich begegne, rede er nicht und reagiere misstrauisch, irritiert und unsicher auf den Gruß. Die Nachbarn hätten Angst vor ihm und seien schon seit längerer Zeit in der Nachtruhe gestört. Darauf angesprochen, reagiere er eher angespannt, gereizt oder erzähle unverständliche Geschichten.

Gemeinsam mit dem Amt für öffentliche Ordnung wird telefonisch folgendes Vorgehen vereinbart: Das Amt kündigt sich schriftlich und mit einem Mitarbeiter des Sozialpsychiatrischen Dienstes zu einem Hausbesuch an. Zu dritt (Arzt des Gesund-

heitsamtes, Sozialarbeiter und Mitarbeiter des Amts) gehen sie zu Herrn Röber. Ohne zu zögern, öffnet er die Tür, bittet alle herein und beginnt unvermittelt von den Verfolgungen und Bestrahlungen aus der Steckdose und aus elektrischen Geräten zu erzählen, wodurch ihn »seine Peiniger« zerstören und töten wollten. Auf die nächtlichen Ruhestörungen angesprochen, entgegnet er, dass er sich ja schließlich gegen diese Qualen wehren müsse, die vorrangig nachts auftauchten. Er habe nichts gegen die Nachbarn und völliges Verständnis dafür, dass diese ihre Ruhe bräuchten. Er erzählt weiter, dass er noch nicht lange dort wohne und schon immer ein Einzelgänger gewesen sei. Zeitweise habe er auf der Straße gelebt, weil er dort vor seinen Verfolgern sicher gewesen sei.
Am Ende des Gespräches kann er sich darauf einlassen, dem Kontakt mit dem Mitarbeiter des Dienstes zuzustimmen, verbunden mit dem Ziel, innerhalb der nächsten 14 Tage einen Nervenarzt aufzusuchen, Medikamente einzunehmen und sich regelmäßig mit jemandem aus dem Team »treffen« zu wollen, um seine Lage zu erörtern. Es wird ihm eröffnet, dass mit diesem Vorschlag die Chancen steigen, die Wohnung auf Dauer behalten zu können, da er durch sein Verhalten sonst Gefahr laufe, gekündigt zu werden. Des Weiteren könne damit eine stationäre (zwangsweise) psychiatrische Behandlung vermieden werden. Beides zu vermeiden ist ihm außerordentlich wichtig, sodass darüber ein Arbeitsbündnis mit ihm hergestellt werden kann. Nach und nach entsteht ein enger Betreuungskontakt. Ohne Probleme kann er sich auf Medikamente einlassen.

Obwohl sich an diesem Beispiel zeigt, dass Hilfe, Unterstützung, Begleitung und Behandlung im Alltag des Betroffenen geboten waren, musste nicht umgehend gehandelt werden. Es geht zwar um wichtige Themen wie den Erhalt der Wohnung, Umgang mit Isolierung und

Einsamkeit, das Leiden unter den Stimmen und den Verfolgungsideen sowie die Situation und Bedürfnisse der Nachbarn, doch liegt keine akute Selbst- und Fremdgefährdung vor. Die Nachbarn schildern die Situation als dringlich und reklamieren Änderung und Beruhigung, vor allem auch hinsichtlich ihrer Ängste und Unsicherheit gegenüber dem Verhalten von Herrn Röber. Diese Lage besteht schon seit geraumer Zeit, gestaltet sich aber auf Dauer als nicht tragbar und die Erwartung nach einer Veränderung ist nachvollziehbar und plausibel.

Bei einem sorgfältig geplanten Hausbesuch kann in Ruhe geklärt werden, welche Akteure und Einrichtungen noch mit einzubeziehen sind und wie diese Einbeziehung zu gestalten ist.

BEISPIEL

Die Vermieterin von Frau Otto (43 Jahre alt) ist über das Internet auf den Sozialpsychiatrischen Dienst gestoßen und wendet sich telefonisch mit folgender Anfrage ans Team: Frau Otto wohne in der Dachwohnung ihres Hauses, sei alleinstehend und würde »seltsame Dinge« tun: Die Mieter in den Wohnungen unter und neben ihr beschwerten sich darüber, dass sie nachts laut schimpfe, Türen schlage und Zigarettenkippen auf den Balkon unter ihr werfe. Außerdem habe sie, die Vermieterin, vor Kurzem festgestellt, dass die Wohnung inzwischen in einem ziemlich verwahrlosten Zustand sei.

Die Vermieterin äußert ihre Hilf- und Ratlosigkeit. Einerseits möchte sie Frau Otto nicht kündigen, da sie ihrer Meinung nach krank sei und deswegen Hilfe brauche. Frau Otto darauf anzusprechen, gelinge ihr aber auch nicht, denn sie weiche aus, werde schroff, wehre ab und erzähle unverständliche Dinge von Männern, die nachts bei ihr einbrechen würden. Andererseits werden die Beschwerden der Mitbewohner im Haus immer häufiger und

drängender. Einige hätten schon die Kürzung der Miete angekündigt, falls keine Ruhe einkehre. Ob der Dienst helfen könne, damit wieder Frieden im Haus hergestellt werde, was ihr als Vermieterin sehr wichtig sei.
Der Mitarbeiter fragt nun, ob er sich auf sie beziehen könne, wenn er Frau Otto anschreiben würde. Er gibt die Erklärung: Offenheit ist in solchen Situationen das hilfreichste Mittel, um gerade sehr misstrauische Menschen nicht zu täuschen und damit noch mehr in Rückzug und Abschottung zu drängen. Das müsse sie noch mit ihrem Mann überdenken, ist ihre Antwort. Sie ängstige sich, dass Frau Otto dadurch aggressiv werden könnte. Bislang sei aber noch nichts vorgefallen, entgegnet sie auf Nachfrage. Der Mitarbeiter teilt ihr daraufhin explizit und wertschätzend mit, dass ihr Verständnis für Frau Otto als Vermieterin nicht üblich sei und er dies besonders anerkennen würde. Allerdingss wäre es auch nicht verwunderlich, wenn sie ihr bei sich zuspitzenden Reaktionen der Nachbarn kündigen würde. Dies könnte sogar eine unausweichliche Konsequenz sein. Sie wolle damit allerdings noch warten, entgegnet sie, da sie immer noch auf eine gütliche Einigung hoffe.
Einen Tag später ruft die Vermieterin wieder an und erteilt die Erlaubnis, sich auf sie zu beziehen bei der Kontaktaufnahme. In einem Brief an Frau Otto kündigt sich der Mitarbeiter an und schlägt einen Termin bei ihr zu Hause vor. Wenn es ihr lieber sei, könne sie aber auch in die Räume des Sozialpsychiatrischen Dienstes kommen. Falls sie den Termin nicht einhalten könne oder wolle, bitte er um rechtzeitige Rückmeldung. Da keine Rückmeldung eingeht, hofft das Team, dass sie den Brief gelesen hat und öffnen werde. Aufgrund der Schilderungen der Nachbarn (»nächtliche Bedrohungen durch Männer«), entscheidet sich das

Team, dass eine Mitarbeiterin und eine Praktikantin den Erstbesuch durchführen. Ohne zu zögern, öffnet Frau Otto die Wohnungstür.

Auch in dieser Situation muss nicht sofort gehandelt werden. Die Situation benötigt zwar in naher Zukunft eine Änderung beziehungsweise Beruhigung, um den Hausfrieden wiederherzustellen, allerdings hat sich diese Lage langsam und schleichend bis zum jetzigen Stand zugespitzt. Zudem benötigte die Vermieterin noch etwas Bedenkzeit und Rücksprache mit ihrem Mann.

Wo Planungszeit besteht, ist es immer sinnvoll, möglichst alle Bedingungen gründlich abzuwägen und mit allen Beteiligten abzuklären.

BEISPIEL

Das Bezirksamt wendet sich schriftlich mit der Bitte an den Sozialpsychiatrischen Dienst, Kontakt zu Frau Roser (57 Jahre alt, alleinlebend, arbeitslos) aufzunehmen beziehungsweise es zumindest zu versuchen. Die Nachbarn hätten sich aus Ärger, Unsicherheit, aber auch aus Angst an das Bezirksamt gewandt. Im Haus seien Geruchsbelästigungen wahrzunehmen, die aus ihrer Wohnung stammen. Außerdem stünde sie des Öfteren am Fenster und rufe, dass sie nichts mehr zu essen habe, dass sie verhungern müsse und darum bittet, jemand möge doch für sie einkaufen. Zudem erzähle sie hin und wieder nicht ganz verständliche Dinge: Sie würde verfolgt und solle vergiftet werden. Böte sich tatsächlich jemand an, für sie einzukaufen, schließe sie das Fenster und öffne es erst wieder, wenn die Person weggegangen sei. Nachts sei sie ebenfalls sehr aktiv. Es kämen Klopfgeräusche aus ihrer Wohnung. Tagsüber klingle sie häufig bei einem Nachbarn, von dem sie eigentlich wissen müsse, dass er wegen Nachtarbeit tagsüber schlafe. Unklar sei auch, wovon sie lebe, ob sie krankenversichert sei etc. Die Nachbarn wüssten sich nicht mehr zu helfen und hätten sich in ihrer Not ans Bezirksamt gewandt. Dem Bezirksamt sei Frau Roser bislang noch nicht bekannt.

Ohne allzu große Hoffnung zu hegen, dass Frau Roser den Kontakt zulässt, kündigen sich die Mitarbeiter mehrere Male schriftlich an – vergeblich. Nie hat Frau Roser geöffnet, obwohl sie immer hinter dem Vorhang zu sehen war. Bei diesen Versuchen wurde aber die Gelegenheit genutzt, sich bei den Nachbarn vorzustellen. Da über Frau Roser nichts bekannt war, ließ sich so zumindest mehr darüber herausfinden, ob es Anzeichen oder Hinweise auf Selbst- oder Fremdgefährdung gebe, ob sie schon Nachbarn gedroht habe, ob Frau Roser durcheinander wirke, ob sie abgemagert sei zuletzt, ob sie wenigstens hin und wieder die Wohnung verlasse, wie sie sich ernähre und Ähnliches.

Die Mitarbeiter sprechen absichtlich auf der Straße direkt vor Frau Rosers Wohnung mit den Nachbarn – eine Haltung, die sonst eher zu vermeiden ist, um die Privatsphäre der betreffenden Person zu respektieren, wohl wissend, dass man sich bei dieser Arbeit auf dem schmalen Grat der Schutzbedürftigkeit der Privatsphäre des Einzelnen und der krankheitsbedingten Selbstgefährdung wie auch des Wohls der Umgebung bewegt. In diesem Fall jedoch versuchten die Mitarbeiter einen direkten Kontakt zu provozieren. Aufgrund der Briefe wusste Frau Roser, dass es sich um Mitarbeiter des Sozialpsychiatrischen Dienstes handelte. Sie verfolgt hinter dem Vorhang auch genau, was draußen geschieht.

Von den Nachbarn ist nun zu erfahren, dass sie früher bei der Stadt gearbeitet hat, schon lange in der Wohnung lebt, sich schließlich aber immer mehr zurückgezogen habe. Sie habe nie Kontakt gesucht und immer schon wenig gesprochen. Hin und wieder sehe man sie mit Einkaufstaschen nach Hause kommen, abgemagert sei sie nicht. Über Angehörige ist nichts bekannt, Besuche würde sie zumindest keine erhalten.

Nach einigen längeren Fallbesprechungen im Team vereinbaren die Mitarbeiter mit den Nachbarn, dass vorläufig keine weiteren Versuche mehr unternommen werden, um mit Frau Roser in Kontakt zu kommen, obwohl immer noch nicht klar ist, von welchem Einkommen sie lebt. Zumindest musste sie irgendwoher Geld oder ein Einkommen beziehen, da der Vermieter, der zwischenzeitlich ausfindig gemacht werden konnte, regelmäßig seine Miete erhält. Das Team vereinbart mit den Nachbarn, sie sollten sich umgehend melden, sollten die Rollläden unten bleiben, der Briefkasten überquellen oder Frau Roser nicht mehr zu sehen sein oder andere Auffälligkeiten auftreten.

Aus Gründen der Transparenz und Offenheit wird auch Frau Roser diese Absprache in einem Schreiben mitgeteilt. Die Begründung lautet, dass sich die Nachbarn große Sorgen um ihre Gesundheit machten und der Dienst es sehr begrüßen würde, wenn sie es schaffen könnte, den Kontakt zuzulassen.

Abermals geschieht nichts. Keine Reaktion von Frau Roser. Dieser Zustand hält fast ein ganzes Jahr an. Erst über einen Notfall entsteht nach rund zwei Jahren ein fragil sich entwickelnder kontinuierlicher Kontakt. Sie war auf dem Gehsteig gestürzt und hatte sich den Oberschenkel gebrochen, worauf sie in die chirurgische Abteilung des Allgemeinkrankenhauses eingewiesen worden war. Sie verweigert alle Zustimmungen zur Behandlung und auch zur Operation. Sie lässt sich erst dann darauf ein, nachdem ein Mitarbeiter des Sozialpsychiatrischen Dienstes vorbeikommt. Nur unter seinem Beisein unterschreibt sie schließlich alle für die Behandlung und Operation erforderlichen Unterlagen.

Die Anfrage, sich um Frau Roser zu kümmern, und die damit einhergehenden Hausbesuche kennzeichnen sich durch drei gewichtige Dimensionen. Als Erstes drängt sich immer wieder die Prüfung und Abwägung der Dringlichkeit in den Vordergrund: Kann die Situation noch verantwortet oder muss umgehend gehandelt werden? Als Zweites muss immer wieder erörtert werden, wie das Vorgehen des Dienstes mit der Respektierung des Datenschutzes in Einklang gebracht werden kann, gleichzeitig aber auch eine mögliche krankheitsbedingte Selbstgefährdung und das Wohl der Allgemeinheit, hier der Schutz der Nachbarn, berücksichtigt werden können. Und da ist schließlich, drittens, noch die fast schon akribisch anmutende Kleinarbeit anzuführen, wie mosaikhaft Informationen zusammengetragen werden können und manchmal müssen, die dem sozialpsychiatrischen Handeln mehr und mehr eine stabile Grundlage ermöglichen.

Wie erfolgt die Ankündigung des Hausbesuchs?

Die Ankündigung des Hausbesuchs hängt von vielen Einflussfaktoren ab. In einer akuten Situation mit unmittelbarem Handlungsbedarf bleibt weder die Zeit noch die Gelegenheit, sich erst anzukündigen. Unmittelbare Dringlichkeit erfordert sofortiges Handeln. Ergibt sich aus der ersten Abklärung der Anfrage, dass sofortiges Handeln nicht nötig ist, erfolgt die Ankündigung des Hausbesuches auf schriftlichem Weg. Dies bedeutet, dass der gesellschaftlich übliche Weg eingeschlagen wird, den jeder aus dem Alltagsleben kennt: Es erfolgt eine schriftliche Ankündigung, die sachlich, klar, eindeutig und respektvoll die notwendigen Informationen enthält.

Hier zwei beispielhafte Briefe, wie sie in den Sozialpsychiatrischen Diensten verwendet werden (Anfrage über das Amt für öffentliche Ordnung):

Sehr geehrte Frau Schmid,
wir sind eine Beratungsstelle für Menschen mit sozialen und psychischen Problemen.
Das Amt für öffentliche Ordnung hat uns angeschrieben und gebeten, Ihnen unsere Unterstützung anzubieten.
Um mit Ihnen Ihre Situation zu besprechen und zu sehen, ob wir Sie unterstützen können und ob Sie dies auch wünschen und benötigen, möchte ich Sie zu einem Gesprächstermin einladen.
Termin:
Freitag, den 15.01.2017, um 14:00 Uhr
im Gemeindepsychiatrischen Zentrum
(Adresse, Telefonnummer und Anfahrtsbeschreibung mit öffentlichen Verkehrsmitteln)
Sollten Sie an dem Termin verhindert sein oder wünschen, dass ich zu Ihnen nach Hause komme, rufen Sie mich bitte an: (Telefonnummer)
Mit freundlichen Grüßen

Oder bei Anfrage durch die Nachbarn:

Sehr geehrte Frau Schmid,
wir sind eine Beratungsstelle für Menschen mit sozialen und psychischen Problemen.
Ihre Nachbarin, Frau Hummel, hat sich in der Sorge um Sie an uns gewandt und uns gebeten, Ihnen unsere Unterstützung anzubieten.
Um mit Ihnen Ihre Situation zu besprechen und zu sehen, ob wir Sie unterstützen können und ob Sie dies auch wünschen und benötigen, würde ich Sie gerne besuchen kommen.
Terminvorschlag:
Freitag, den 15.01.2017, um 14:00 Uhr

Sollten Sie an dem Termin verhindert sein oder lieber zu mir ins Büro kommen, rufen Sie mich bitte an: (Telefonnummer)
Ihnen alles Gute.
Mit freundlichen Grüßen

Terminvereinbarungen erfolgen auch telefonisch, zum Beispiel wenn die anfragende Person mit dem potenziellen Klienten die Absprache getroffen hat, die Telefonnummer weiterleiten zu dürfen. Häufig wird jedoch die Telefonnummer in solchen Situationen nicht so gerne weitergegeben. Eine Haltung, die durchaus verständlich ist und nicht allein oder vorrangig über die psychische Erkrankung interpretiert oder gar erklärt werden kann. In manchen Fällen meldet sich der Betroffene auch selbst per Telefon und bittet um einen Hausbesuch, da er es nicht in die Beratungsstelle schafft.

Hin und wieder kommt es auch zu Hilferufen und Terminvereinbarungen per E-Mail. Zunehmend wird das Internet als Informationsquelle vor allem bei jüngeren psychisch kranken Menschen genutzt und ist besonders für stark vereinsamte und zurückgezogene Menschen eine Möglichkeit, um in Kontakt zu treten.

In der sozialpsychiatrischen zugehenden Arbeit wird zumeist versucht, Kontakt mit einem Personenkreis aufzunehmen, der sich tendenziell schwertut, Kontakte zu knüpfen und Beziehungen aufzubauen. Jedoch ist bei solchen allgemeineren Aussagen auch Vorsicht geboten, da sie allzu schnell ohne differenzierte oder gar empirische Überprüfung zu Bildern und Fantasien führen können, die mehr mit der Ressentiment- und Vorurteilsbildung als mit der Realität zu tun haben.

Ob eine Person mit bestimmten Verhaltensweisen oder psychiatrischen Symptomen wirklich keinen Kontakt zulässt, ist immer im Einzelfall zu klären und sollte nicht verallgemeinernd vorausgesetzt werden.

Die Durchführung eines unangekündigten Hausbesuchs wird immer dann erforderlich, wenn die Situation so zugespitzt und akut ist oder wiederum die Informationen so diffus und unklar sind, dass deshalb sofort gehandelt werden muss, weil von einer Gefahr auszugehen ist. Dabei ist es letztlich unerheblich, ob es sich um einen Erstkontakt zu einer unbekannten Person handelt oder um einen psychisch kranken Menschen, der sich schon über längere Zeit in der Betreuung des Sozialpsychiatrischen Dienstes, ambulant Betreuten Wohnens oder in Pflege befindet. Ein nicht zu vernachlässigender Unterschied besteht allerdings, wenn die Bekanntheit eines Menschen und seiner unmittelbaren Umgebung eine differenziertere und präzisere Abwägung und Entscheidung für einen unmittelbaren und unangekündigten Hausbesuch zulässt. Es stellt einen Unterschied dar, ob es sich zum Beispiel bei der »Geschichte« um unbekannte und neue Informationen handelt oder ob die Mitarbeitenden diese Geschichte aus zahlreichen Vorerfahrungen mit der jeweiligen Klientin bereits kennen. Jedoch besteht bei großer Vertrautheit mit der Person wiederum das Risiko, sich an Situationen in »chronifizierender Weise« zu gewöhnen und nicht mehr genau und aufmerksam hinzuschauen, zuzuhören und wahrzunehmen.

Besonders bei Menschen, die sich des Öfteren suizidal äußern, oder auch jenen, die anderen Menschen Gewalt androhen, gilt es, besonders sachliche und unaufgeregte Aufmerksamkeit walten zu lassen. Zum einen muss darauf geachtet werden, keine voreiligen und aktionistischen Entschlüsse fassen und umzusetzen, zum anderen gilt es, die Haltung zu vermeiden, dass alles schon da gewesen sei und einen nichts mehr aus der Ruhe bringen könne.

Damit ist eine wichtige alltags- und lebensweltorientierte Haltung angesprochen: Zum einen besteht die methodische und soziale Kompetenz der Professionellen darin, sich auf ihre langjährigen und vielfältigen Erfahrungen, Kompetenzen und auch das sogenannte Bauchgefühl zu verlassen und sich darauf berufen zu dürfen, gleichzeitig aber auch die Neugierde, die Kreativität, die Fantasie, die Offenheit zu bewahren und diese immer wieder zu erneuern. Zum anderen kommt es, wenn möglich, darauf an, in den jeweiligen Teams auf eine Mischung aus erfahrenen, älteren und eher jüngeren Mitarbeiterinnen und Mitarbeitern (selbstverständlich auch Berufsanfängern) zu achten.

Festlegung und Vorbereitung der mitfahrenden Personen

Besonders bei Erstbesuchen wäre es ideal, zu zweit vor Ort zu sein, leider jedoch sieht die Realität in der Regel anders aus. Eingeschränkte Ressourcen, hohe Anfragezahlen und unvorhergesehene Krisensituationen führen dazu, dass die Hausbesuche meist allein durchgeführt und verantwortet werden müssen.

ANZAHL DER HELFER In bestimmten Situationen sind Hausbesuche zu zweit allerdings angezeigt und auch unbedingt erforderlich: Handelt es sich um eine Situation, die von vornherein entweder als sehr angespannt und gereizt oder aber als diffus und unklar erwartet werden muss, ist es dringend angeraten, den Hausbesuch zu zweit durchzuführen. Zuweilen kann es notwendig sein, gleich auch die Polizei hinzuzuziehen. > Angespannte Situation, Seiten 63 ff., 73 ff., 87, 140

Zudem führt ein zu zweit durchgeführter Hausbesuch zu einer umfassenderen Wahrnehmung und Einschätzung der jeweiligen Lage. Der Austausch, die Bewertung der Eindrücke, Anregungen und Ideen können direkt vor Ort in Gespräche, Handlungen und Entscheidungen einfließen. Methodische Elemente wie »Reflecting Team« und »Open Dialogue« können so auch beim Hausbesuch angewandt werden.

Allerdings kann ein Hausbesuch zu zweit von der besuchten Person auch als bedrängend oder gar bedrohlich erlebt werden. Bei Menschen, die sehr misstrauisch, ängstlich und oft stark zurückgezogen und isoliert leben, ist es oft einfacher, als Einzelperson Zugang zu bekommen. Auch hier gilt, wie in allen anderen Situationen, klar, offen und transparent das jeweilige Vorgehen mit zwei Personen zu erläutern und zu begründen.

»TÜRÖFFNER« Gemeinsame Hausbesuche unter Beteiligung weiterer Mitarbeiter anderer Dienste und Einrichtungen (soziale Dienste, Mitarbeiter von Kirchengemeinden, Hausarzt etc.) oder auch Nachbarn finden oft deshalb statt, weil diese als »Türöffner« fungieren und Vertrauen genießen.

Um die Entscheidung treffen zu können, ob ein Hausbesuch allein oder besser zu zweit ratsam ist, sollten folgende Fragestellungen geklärt sein: Wird bei der Anfrage deutlich, dass es sich um einen depressiven, antriebsarmen, sich vorrangig in der Wohnung aufhaltenden Menschen handelt oder um einen, der offenbar angespannt ist, weshalb mit einer dramatischen Situation zu rechnen ist?

Bei Klientinnen und Klienten, die sich schon länger in Betreuung befinden, deren Verhaltensweisen und Haltungen auch in Krisensituationen bekannt sind und somit die Einschätzung der Situation auf der Grundlage fundierter Erfahrungen vorgenommen werden kann, ist der allein durchgeführte Hausbesuch auch in Krisensituationen unproblematisch. Oft kann dann auf eine langjährige tragfähige Beziehung zurückgegriffen werden. Allerdings gilt auch hier das Prinzip des achtsamen und aufmerksamen Wahrnehmens: Veränderungen vor allem in Richtung einer sich schleichend entwickelnden, akuter werdenden Krisensituation sollten angesprochen und thematisiert werden, verbunden mit der Aufgabe, welche Strategien zur Vermeidung der akuten Krise zur Verfügung stehen beziehungsweise erarbeitet werden müssen (Früherkennung von Signalen, die krisenfördernd sind).

Fahren mehrere Personen zum Hausbesuch, sollten die jeweiligen Aufgaben und Funktionen abgesprochen werden. Beim Einzelkontakt

ist darauf zu achten, dass die Situation der besuchten Person möglichst in ihrer ganzen Breite wahrgenommen wird.

MITARBEITERAUSWAHL Eine weitere wichtige Dimension, die insbesondere, aber nicht nur bei einem Erstkontakt zu klären ist, besteht in der Überlegung, ob besser ein Mann oder eine Frau den Hausbesuch durchführen und den Kontakt aufbauen soll. Wenn beispielsweise bekannt ist, dass bei einer Frau Missbrauchserfahrungen zu vermuten oder andere Gewalterfahrungen mit Männern erlebt worden sind, kann eigentlich nur eine Mitarbeiterin den Kontakt aufnehmen. Gegenteiliges gilt, wenn aus der Anfragesituation Hinweise auf einen übergriffigen Mann vorliegen, denn dann wiederum sollten nur Männer den Kontakt aufnehmen. Jedoch kann an dieser Stelle auch auf Erfahrungen verwiesen werden, dass zu aggressiven Ausbrüchen neigende Männer, die nicht sexuell übergriffig sind, in der Regel über ein traditionelles Rollenbild von Mann und Frau verfügen und sich Frauen gegenüber weniger aggressiv verhalten.

Besonders bei Klientinnen und Klienten mit einem anderen kulturellen Hintergrund tritt häufig die Frage auf, ob ein Mann oder eine Frau den Hausbesuch durchführen sollte. Bei einer traditionell muslimisch orientierten Familie ist es etwa nicht möglich, dass ein Mann allein eine depressive Klientin besucht.

ALTER Ein weiteres, im Arbeitsalltag nicht immer angemessen zu berücksichtigendes Kriterium stellt das Alter der Mitarbeitenden dar. Ein älterer Mitarbeiter verfügt in der Regel über mehr berufliche Erfahrung und professionelle Kompetenzen als ein junger. Er könnte schon aufgrund seines Alters tendenziell vom Gegenüber ernster genommen werden als ein junger, der gerade erst die Ausbildung abgeschlossen hat. Wobei in manchen Konstellationen eine jüngere Kollegin den einfacheren Zugang etwa zu jüngeren Kientinnen findet, weil diese in ihr nicht gleich eine »Mutter« sehen werden, die »alles besser weiß«.

Die Frage des Alters ist, wie die Frage des Geschlechts, nicht hausbesuchsspezifisch, kann jedoch bei einem Erstkontakt den Zugang erleichtern oder erschweren. Im Einzelfall sollte bei entsprechenden Nachfragen oder kritischen Anmerkungen das Thema in aller Sachlichkeit angesprochen und angegangen werden.

ZUSÄTZLICHE PERSONEN In der Vorbereitung des Hausbesuchs sollte geklärt werden, ob und, wenn ja, welche weiteren Personen (außerhalb der psychiatrischen Hilfen) teilnehmen. Es kann zum Beispiel von Bedeutung sein, dass die anfragende Person wie Hausarzt, Nachbarin, der Angehörige oder Pfarrer mit einbezogen wird. Häufig wird darüber erst der Zugang zu den Betroffenen ermöglicht, weil nur in Anwesenheit einer vertrauten oder zumindest bekannten Person ein Gespräch zu Hause möglich erscheint. Umgekehrt kann es allerdings auch mal besser sein, wenn sich die anfragende Person aus dem Erstkontakt heraushält, da die mutmaßlich erkrankte Person nur zu einer Kontaktaufnahme bereit ist, wenn allein der Mitarbeiter der sozialpsychiatrischen Hilfe zum Hausbesuch kommt.

Bei Familien mit Kindern ist häufig eine Mitarbeiterin des Jugendamts dabei. Hausärzte und noch weniger niedergelassene Psychiater können, obwohl es in nicht wenigen Situationen angebracht wäre, eher selten zu einem gemeinsamen Hausbesuch bewegt werden. Wenn die Betroffenen dem Kontakt mit »der Psychiatrie« kritisch bis ablehnend gegenüberstehen, ist es durchaus möglich, dass »die Sozialarbeit« einen Vorteil gegenüber »dem Psychiater« hinsichtlich der Akzeptanz hat.

POLIZEI In den eher seltenen Situationen, bei denen von den Vorinformationen her mit Gewalt oder massiver Aggressivität zu rechnen ist, kommen die ambulanten sozialpsychiatrischen Dienste nicht umhin, die Polizei mit zurate zu ziehen. Unter Umständen müssen sofort Krankenwagen und Notarzt verständigt werden. Die Wirkung der Polizei auf die Adressaten kann sehr unterschiedlich ausfallen. Im einen Fall wirkt die Uniform deeskalierend, beruhigend und strukturierend in Verbindung mit der Kraft der Autorität qua Funktion. Im anderen Fall kann sie aber auch das Gegenteil bewirken. Das Erscheinen eines Vertreters der Staatsmacht kann als Provokation empfunden werden und dazu führen, dass zum Beispiel ein junger alkoholisierter und akut psychotischer Klient noch mehr in Erregung gerät. Hier ist besonderes Geschick der Beamten nötig und eine gute Flankierung durch die psychiatrischen Mitarbeiter.

Es gibt im Hinblick auf die Miteinbeziehung der Polizei keinen Königsweg, aber Tendenzen und klare Orientierungen, die auf vielfältigen und langjährigen Erfahrungen aufbauen. Wenn eine Krise oder ein Notfall vorliegt, wenn selbst- oder fremdgefährdendes Verhalten die Lage zuspitzt, dann muss als Erstes abgeklärt werden, ob die Polizei hinzugezogen werden muss oder nicht. Das Spektrum der Einbeziehung bestimmt sich wiederum durch die jeweilige Situation. Dieses reicht von der Absprache, dass sich die Polizei mehr im Hintergrund hält, vielleicht sogar vor der Wohnungstür wartet, bis zur Anwendung von Gewalt, wenn der oder die Betroffene sich konsequent einer stationären Behandlung entzieht und es ablehnt, sich freiwillig ins Krankenhaus zu begeben, obwohl eine Unterbringung wegen Selbst- oder Fremdgefährdung nicht mehr zu umgehen ist.

Die Hinzuziehung der Polizei verlangt von den Mitarbeitern ein sensibles und empathisches, aber ebenso selbstbewusstes Vorgehen in beide Richtungen, das heißt sowohl den jeweiligen psychisch kranken Menschen und ihrer Umgebung als auch der Polizei gegenüber. Dies bedeutet, dass die jeweilige Federführung zu den notwendigen Handlungsschritten eng mit der Polizei abzusprechen und abzuklären ist.

Während des Hausbesuchs

Eintritt in die Wohnung – der Empfang

Bei der Durchführung des Hausbesuches ist unterschiedlichen Kriterien, Ereignissen, Situationen und Prozessen Rechnung zu tragen. Diese sind unbedingt in die Gestaltung und Umsetzung des Hausbesuchs einzubeziehen. Einige davon sind selbstverständliche und jedes Mal logische Bestandteile, etwa der Empfang, die Begrüßung, die Verabschiedung oder die Bearbeitung der geplanten Fragen und Themen. Andere können je nach Lage und Befindlichkeit der Betroffenen unvorhergesehen auftreten. Diese grundlegende Möglichkeit von Überraschungsmomenten sollte immer im »Hinterkopf« der Mitarbeitenden präsent sein, zum Beispiel ein unfreundlicher oder gar ablehnender Empfang oder dass die Tür erst gar nicht geöffnet wird. Das jeweilige Handeln orientiert und bestimmt sich in der Gleichzeitigkeit von Strukturiertheit und Offenheit bei der Gestaltung der jeweiligen Situation (»strukturierte Offenheit«).

ÜBERRASCHUNGSMOMENTE Zu fragen ist zunächst einmal, welche die intendierte, geplante und vereinbarte Thematik ist: Was soll beim jeweiligen Hausbesuch besprochen, bearbeitet und geklärt werden?

Der Umgang mit dem Nichtvorhergesehenen, dem Überraschenden, dem Nichtgeplanten und Nichterwarteten, diesen »Begleiterscheinungen« ist allerdings bei aller guten Planung nicht zu entgehen. Eine Form des Umgangs muss gefunden und in die nun nötige Handlung flexibel integriert werden.

Unabhängig davon, ob es sich um einen ersten Hausbesuch handelt oder um Hausbesuche im Verlauf einer schon länger bestehenden Betreuung, werden unterschiedliche Konstellationen angetroffen. Aber auch bei bereits bekannten Situationen werden wechselnde Konstellationen angetroffen, weil vielleicht krankheitsbedingt eine veränderte Stimmung und damit verbundene Verhaltensweisen auftreten. Es ist wichtig, wenn auch nicht immer einfach, selbst bei langjährig Betreuten schleichende Veränderungen wahrzunehmen – ohne deshalb jede Veränderung schon als Krankheitszeichen zu deuten. So verlangt eine auftretende Antriebsminderung im Lauf einer akuter werdenden depressiven Phase und ein »Rückzug ins Bett« ein kontinuierliches, verständnisvolles Dranbleiben, und zwar in dem Spannungsverhältnis, einerseits zu fordern, andererseits die Person auch mal so lassen zu können. Ebenfalls eine Herausforderung ist es, wenn sich sukzessive ein paranoider Rückzug anbahnt oder sich schrittweise die Zuspitzung einer manischen Phase abzeichnet.

Folgende Haltungen und Handlungsweisen sind dabei von unverzichtbarer Bedeutung: Es geht darum, dem Gegenüber wertschätzend, respektvoll, höflich und mit Zuversicht gegenüberzutreten. Die Handlungsweise gestaltet sich offen und gleichzeitig strukturiert, klar, eindeutig und transparent, flexibel und verlässlich.

Der freundliche, einladende Empfang

Am einfachsten gestaltet sich der Hausbesuch natürlich bei einem freundlichen, einladenden Empfang, indem die Mitarbeiterin schon an der Tür begrüßt, hereingebeten und ihr ein Stuhl angeboten wird.

BEISPIEL

Frau Weber ist es wichtig, die Regeln und Konventionen menschlicher Kommunikation und Interaktion einzuhalten: Freundlichkeit, Offenheit, Respekt, Wertschätzung, Gastfreundschaft etc. Diese wichtigen Parameter menschlichen Handelns erwartet, ja fordert sie geradezu auch vom Gegenüber ein. Dies bedeutet für den Mitarbeiter eine empathische und offene Aufmerksamkeit im Verhalten ihr gegenüber. So wäre es für sie schon eine latente Grenzüberschreitung, sich in ihrer Wohnung hinzusetzen, ohne dass sie einen Platz angeboten oder man selbst danach nach gefragt hat.

Auch eine solche vermeintlich einfache Situation verlangt eine besondere Haltung und ein besonderes Verhalten, denn auch von uns sind nun Höflichkeitsformen einzuhalten, die wir im eigenen Alltag vielleicht nur noch abgeschwächt kultiviert haben oder die wir als zu »steif« empfinden. Übliche und konventionelle, allseits bekannte und akzeptierte Regeln der Höflichkeit und menschlichen Kommunikation ermöglichen und erlauben den weichen und sehr wohlwollenden Einstieg in die Bearbeitung des eigentlichen Grundes für den Hausbesuch.

Der indirekte oder gleichgültige Empfang

Ungewöhnlicher und schon etwas schwieriger gestaltet sich der indifferente oder gleichgültige Empfang. Die Wohnungstür ist zwar offen, aber es ist nichts zu hören und nichts wahrzunehmen. An der Tür oder schon im Flur erfolgt der Ruf nach Herrn X oder Frau Y, ob der Eintritt gestattet sei. In der Regel erfolgt dann eine lapidare, oft kaum zu vernehmende Antwort oder eben auch keine Reaktion.

BEISPIEL

Die Wohnungstür bei Herrn Idler steht offen. Nach einigen Besuchen weiß der Mitarbeiter bereits, dass Herr Idler sich im Bett aufhält und das Gespräch im Schlafzimmer stattfinden wird. Und tatsächlich: Herr Idler liegt im Bett. Neben dem Bettende stehend, versucht der Mitarbeiter nun, Herrn Idler in ein Gespräch zu verwickeln über Angelegenheiten des Alltags wie auch zur aktuellen politischen Lage, an der er nämlich immer sehr interessiert ist. Wenn dann die Beziehung erst einmal hergestellt ist und »stimmt«, wird der anstehende Gang ins Badezimmer zur großen Toilette vorbereitet.

Wenn sich ein solcher Zugang entwickelt hat und beide Seiten damit zurechtkommen und sich arrangiert haben, ist dies unproblematisch und bedarf keiner weiteren Problematisierung. Vorsicht und besondere Aufmerksamkeit ist jedoch beim Erstbesuch geboten: Wenn beim Eintreten einer offen stehenden Wohnungstür keine Reaktion erfolgt, sollte man vor allem dann, wenn der Hausbesuch allein durchgeführt wird, langsam und vorsichtig eintreten, immer verbunden mit der Aufforderung nach einer Antwort des Besuchten.

Bei allzu legerem Empfang in Schlafzimmer oder Bad sollte geprüft werden, warum der Besuchte ein solches Beziehungsangebot macht.

Der feindselige bis ablehnende Empfang

Findet ein feindseliger bis ablehnender Empfang statt, stellt es oft einen Unterschied dar, ob der Klient bekannt und schon längerfristig vertraut ist oder ob wir es mit einem Erstbesuch zu tun haben.

Was tun, wenn trotz eines längerfristigen Kontakts der Empfang unverändert mürrisch, feindselig bis ablehnend ist sowie der Klient trotz häufigen Thematisierens nicht bereit zur Veränderung ist? Hier gilt es zu überlegen, wann für die Mitarbeiter die Grenze des Zumutbaren erreicht ist, aber auch, was es dem Klienten so schwer macht, den Kontakt als hilfreich und willkommen zu erleben. Dazu sollte nachgefragt werden!

Eine deutliche Grenze stellen selbstverständlich Gewaltdrohungen dar. Unseres Erachtens wird die Grenze dann überschritten, wenn persönliche Beleidigungen bis hin zu verbalen Drohungen erfolgen. Derartige Konstellationen erfordern von den Mitarbeitenden klare Grenzziehungen bis hin zum Verlassen der Wohnung. Zweifellos ähnelt diese Konstellation der vorherigen Beschreibung eines »gleichgültigen Empfangs«, allerdings bedeutet ein eher abweisender bis feindseliger Empfang eine noch intensivere Aufmerksamkeit und Vorsicht beim Betreten der Wohnung, und zwar vor allem dann, wenn es sich um die ersten Hausbesuche zu Beginn einer Betreuung handelt, wenn also noch kein kontinuierlicher Kontakt und damit auch noch keine Vertrauensbeziehung besteht. Die Lage kann in der vertrauten Begegnung aufgrund der vorliegenden Erfahrungen angemessen eingeschätzt und bewertet werden.

Ein beredtes Beispiel bietet Herr Stark, und zwar sowohl in der Anfangszeit als auch im Verlauf der schon länger bestehenden Betreuung.

BEISPIEL

Beim Betreten der Wohnung steht die Tür einen Spaltbreit offen, aber Herr Stark ist zunächst nicht zu sehen. Er sitzt bereits wieder am Tisch in seinem Ein-Zimmer-Appartement. Darauf angesprochen, gar nicht an der Tür empfangen zu werden, meint er lapidar zum Mitarbeiter, er bräuchte ja nicht zu kommen, wenn ihm dieses Verhalten nicht passen würde.

Dann setzt er zu einer zehn Minuten dauernden »Schimpfkanonade«, beginnend mit der Klage über seine prekäre Lebenslage (Alleinsein, Isolierung, gleichzeitig Kontaktangebote ablehnend), kanzelt die Politiker ab und vor allem die Ärzte, die sowieso nichts taugten und nur ihre eigenen Interessen im Sinn hätten. Schließlich leitet er über zu den Nachbarn und die weitere Umgebung, die ihn alle so seltsam anschauen und beobachten würden, sowohl im Haus als auch an der Bushaltestelle. Dies wäre kein Zufall und würde bestimmt von außen inszeniert. Lange würde er diese Nachstellungen nicht mehr mitmachen und »irgendwann mal aufräumen«. Diese Beschattung müsste ja wohl von seiner Nervenärztin und sogar vom Mitarbeiter in Auftrag gegeben worden sein. Wenn der Mitarbeiter dies nicht bald unterließe, könnte er sich auch einmal an ihm vergreifen und ihn »niederstechen«.

Also: Es hat sich mal wieder im Lauf der Woche viel aufgestaut. Der Mitarbeiter hört zu, versucht zu verstehen und fragt nach, wie Herr Stark denn darauf käme, dass er ihn beobachten und beschatten ließe. Nach offener und respektvoller, empathischer, aber klarer und energischer Positionierung, dass weder er noch die Nervenärztin einen Grund hätten, ihn beobachten zu lassen, sondern einfach dafür da seien, ihn bei der Bewältigung des Alltags zu unterstützen, beruhigt sich Herr Stark wieder. Diese ehrliche, offene und eindeutige Haltung führt jetzt doch zügig dazu, dass die beiden zum »eigentlichen« Hausbesuch übergehen können.

Auch hier liegt eine Gratwanderung vor, die für die Mitarbeitenden nicht einfach zu gestalten ist. Es muss eine Einschätzung und Bewertung getroffen werden, ab wann die Grenze des Zumutbaren und Verantwortbaren erreicht ist. Selbst wenn die jeweilige Person gut bekannt ist, braucht es immer eine sensible und achtsame Einschätzung, ob der Hausbesuch wie gewohnt durchgeführt werden kann oder bei unsicherem und »mulmigem« Gefühl nicht doch abgebrochen werden muss. Im folgenden Abschnitt werden wir den Umgang mit angespannten Situationen näher betrachten.

Was tun, wenn nicht geöffnet wird?

Nicht selten kommt es aber vor, dass schon Namensschilder an der Haustür fehlen oder die Klingel nicht funktioniert. Dann bleibt nichts anderes übrig, als sich über Nachbarn zu erkundigen, wo sich die Wohnung des zu Besuchenden befindet. Manchmal öffnet sich die Tür wenigstens einen Spaltbreit, sehr vorsichtig und zögerlich. Es bedarf dann einiger Überredungskünste, um in die Wohnung hineingelassen zu werden. Die gleiche Situation findet sich vor, wenn durch die Tür kommuniziert wird und diese verschlossen bleibt.

Was ist zu tun, wenn die Tür nicht geöffnet und auch nicht kommuniziert wird, wenn alles Klingeln und Klopfen nichts nützt – gleichzeitig aber stetig die Neugierde der Nachbarn steigt? Sich unverrichteter Dinge zurückzuziehen beinhaltet in jedem Fall, eine schriftliche

Nachricht mit Name und Telefonnummer im Briefkasten zu hinterlassen oder unter der Wohnungstür durchzuschieben, und zwar inklusive eines neuen Termins für den Hausbesuch. Dies gilt für alle Situationen, in der nach Abklärung und Prüfung der vorliegenden Informationen davon ausgegangen werden kann, dass keine akute Notsituation vorliegt, die eine Hinzuziehung der Polizei erfordern würde.

Ebenfalls nicht selten werden wir bei vorhergehenden Störungen allerdings in ein Gespräch mit den Nachbarn verwickelt, bei dem es gerade in der Anfangssituation darauf ankommt, höflich und empathisch zuzuhören und deren Mitteilungen ernst zu nehmen. Vor allem zu Beginn können diffizile Situationen entstehen, wenn es schon zu offenen Konflikten gekommen war. Die Nachbarn versehen dann nicht selten das Geschehen mit Kommentaren wie: »Wer sind Sie überhaupt?« oder »Macht er schon wieder nicht auf?« oder »Das ist ja kaum noch auszuhalten, da muss sich etwas ändern«. Heikle Fragen entstehen, auf die es keine einfachen Antworten gibt. Sofern keine akute Krisensituation vorliegt, geht es darum, sich eher wieder zurückzuziehen und sich höflich zu verabschieden, etwa mit der Bemerkung, es demnächst erneut zu versuchen.

Der Umgang mit Informationen über den Betroffenen jedenfalls bleibt heikel und eine Gratwanderung: auf der einen Seite die zu schützende Privatsphäre und ihres Eigensinns, auf der anderen Seite die ebenfalls zu schützenden und berechtigten Interessen und Bedürfnisse der Umgebung. Dies alles verbunden mit dem Ziel eines von Zufriedenheit und gegenseitiger Akzeptanz gekennzeichneten Zusammenlebens der beteiligten Akteure.

Im Unterschied dazu muss in akuten Krisensituationen, die Selbst- und / oder Fremdgefährdung nicht ausschließen lassen, vor Ort von der jeweiligen Mitarbeiterin entschieden werden, ob die Polizei gerufen werden muss oder nicht. Im Notfall muss die Tür gewaltsam geöffnet werden. Der Mitarbeiterin bleibt in einer derartigen Konstellation höchstens noch die Möglichkeit, sich kurz mit einem Kollegen im Büro telefonisch abzustimmen und das Vorgehen zu besprechen. Auf diesem Weg kann zumindest eine gemeinsam getragene Entscheidung getroffen beziehungsweise die Rückversicherung des Vorgehens eingeholt oder auch korrigiert werden. Eventuell kann es auch gelingen, den behandelnden Arzt beispielsweise bei der Institutsambulanz telefonisch zurate zu ziehen.

Es kommt zuweilen vor, dass suizidale Äußerungen oder deutliche Drohungen gegenüber der Umgebung unmittelbares Handeln zur Folge haben (müssen), etwa im Unterschied zu einer Situation, die durch skurriles Verhalten mit hin und wieder auftretender Ruhestörung geprägt ist. Unverzichtbar ist dabei die Rückkoppelung mit der anfragenden Person oder Einrichtung. Wenn beispielsweise der Briefkasten überquillt, die Rollläden nicht mehr hochgezogen werden oder der Betroffene seit einigen Tagen entgegen sonstiger Gewohnheiten von den Nachbarn, Angehörigen, Hausarzt oder Bekannten nicht mehr gesehen wurde und aus der Wohnung auch keine Geräusche mehr zu vernehmen sind, muss über das Einholen vielschichtiger Informationen mosaikhaft zusammengetragen und abgeklärt werden, ob die Situation noch verantwortet werden kann. Danach können verantwortliche Entscheidungen getroffen werden:

1. Muss sofort gehandelt werden?
2. Kann man noch warten und später einen weiteren Versuch unternehmen?
3. Kann nach Rücksprache mit der anfragenden Person oder Einrichtung vereinbart werden, die Situation so zu belassen und vorläufig, solange keine Informationen zu einer deutlichen Zuspitzung der Lage vorliegen, auf weitere Kontaktversuche zu verzichten?

Vorsichtig sollten wir bei *allen* unseren Versuchen auftreten, denn es besteht immer das Risiko einer fürsorglichen Belagerung durch unser häufiges Aufsuchen und »Hinterhergehen«. Es muss die Balance gefunden werden zwischen dem Recht auf Eigensinn und Erkrankung einerseits und dem Recht auf Fürsorge und Hilfe andererseits.

Nach der Rückkehr in die Beratungsstelle empfiehlt es sich bei Unsicherheiten in der Entscheidung, das Gespräch mit den Kolleginnen und Kollegen zu suchen, manchmal können wir auch bis zur nächsten Fallbesprechung warten, um das weitere Vorgehen abzuklären. Parallel dazu wird der Kontakt mit der anfragenden Stelle oder Person hergestellt, um deren Meinung und Bewertung einzuholen und eine angemessene Grundlage zur Entscheidung des weiteren Vorgehens zur Verfügung zu haben. Im Team und mit der anfragenden Stelle im Hintergrund wird also geklärt, ob noch weiter abgewartet werden kann oder ein unmittelbarer Zugang erforderlich ist.

Wenn auf einen für alle beteiligten Akteure unangenehmen Eingriff in das Alltags- und Intimleben verzichtet werden kann, wird dennoch in absehbarer Zeit ein erneuter Versuch unternommen, und zwar mit Ankündigung. Sie kann so lauten: »Vielleicht haben Sie den Termin versäumt oder unseren Brief nicht gelesen. Deshalb möchten wir Ihnen einen neuen Termin vorschlagen ...« – wohl wissend, dass der Betroffene uns eventuell auch absichtlich nicht geöffnet hat.

Unser Handeln findet im Sozialraum unter der Beobachtung und »Begleitung« durch eine manchmal durchaus neugierige und, positiv konnotiert, interessierte Öffentlichkeit statt. Besuche durch das sozialpsychiatrische Hilfesystem sind keine Privatbesuche, sondern sie vertreten das System, das bis in die feinsten Ritzen und Kapillaren der Lebenswelt des Individuums eindringt. Sie übt Einfluss aus, wenn auch unter der Maßgabe, in guter und wohlmeinender Absicht helfen zu wollen, aber immer in der Spannung von Hilfe versus Kontrolle.

Wichtig ist es, dass wir allen von einem Auftrag Betroffenen signalisieren, dass wir souverän und planvoll mit der Situation umgehen. Signalisieren wir Sicherheit im Vorgehen, macht das alle anderen ebenfalls schon sicherer und beruhigt sie.

Begrüßung – und wie weiter?

Die große Mehrheit der Hausbesuche erfolgt nach Absprachen und Vereinbarungen darüber, was jeweils besprochen, beraten, thematisiert und bearbeitet oder auch welche konkrete Unterstützung im Haushalt oder bei der Körperpflege geleistet werden soll. Dies unterscheidet sich vom sofortigen und unvorhergesehen stattfindenden Hausbesuch.

Die Planung der Hausbesuche, die Vereinbarung darüber, was jeweils bearbeitet werden soll, erfolgt von Mal zu Mal, das heißt, meistens ist am Ende des vorherigen Hausbesuchs bereits geklärt worden, was beim nächsten Besuch ansteht. Oder es erfolgt die Vereinbarung über die Themen telefonisch bei der Vereinbarung eines Termins.

Es finden allerdings auch Hausbesuche statt, die nicht oder nur sehr offen geplant werden können und deren Legitimation bei den Betroffenen Überzeugungsarbeit verlangt. So kann von Bedeutung sein, jemanden zwar nur in längeren Abständen zu begleiten, aber doch regelmäßig »vorbeizuschauen«, um sich über die Befindlichkeit und die aktuelle Situation ein Bild machen zu können oder auch um die Beziehung zu halten. Das umfassendere Bild, das ein Hausbesuch ermöglicht, ist durch keine andere Form des Kontakts möglich. Eine derartige Vorgehensweise verlangt von den Mitarbeitenden offene, empathische, aber auch bestimmte Überzeugungsarbeit, um darzulegen, weshalb »wir uns Sorgen machen« und weshalb wir die Vorgehensweise wählen, doch »mal eben« anzuklingeln.

Die Beantwortung der Frage, wie es nach der Begrüßung weitergeht, folgt keinem Standardprogramm, sondern leitet sich aus dem

Einzelfall ab. Dabei lautet das Motto: »Es gibt nichts, was es nicht gibt.« Liegt parallel und gleichzeitig sogar »alles im Argen«, kommt es als Erstes darauf an, gemeinsam mit den Betroffenen Prioritäten festzulegen, was sofort getan werden muss und was noch warten kann.

Es handelt sich um folgende Dimensionen:

- innere Befindlichkeiten, Zustände, Ängste, Befürchtungen, Fantasien, Gefühlslagen, Stimmungen, chronifizierte Wahnideen etc., häufig in Verbindung mit biografischen Elementen, die der beratenden Begleitung, des empathischen Zuhörens und des verstehenden Umgangs bedürfen;
- Anträge von Behörden, Kündigungen, unerledigte Briefe, Schulden, Mahnungen, Umgang mit Geld / Geldverwaltung etc., also das große Feld »klassischer Sozialarbeit« der sozialanwaltlichen Tätigkeiten;
- der Zustand der Wohnung, Einkauf, Ernährung etc., das heißt die Aufgabe und Notwendigkeit, alltagspraktische Hilfen zu leisten, was von der unmittelbaren, direkten Hilfe bis zur Vermittlung nicht psychiatrischer Hilfen und / oder Unterstützung direkt aus dem Umfeld des Sozialraums reicht (alltagspraktische Hilfen);
- die Körperhygiene und Versorgung der Wäsche, auch hier geht es um direkte Unterstützung oder auch Vermittlung von Hilfen;
- das Umfeld und die Umgebung, das Gemeinwesen: die situationsabhängige Miteinbeziehung und Nutzung des unmittelbaren Sozialraums.

Die Chance des Hausbesuchs über diese Punkte hinaus ist, dass sofortige und direkte Unterstützung geleistet werden kann. Es wird sofort erlebt, dass Hilfe und auch Veränderung der Situation möglich ist, indem beispielsweise etwas eingekauft oder sich um den Müll oder die Wäsche gekümmert wird. Dies ist auch oft für den Beziehungsaufbau von unschätzbarem Wert und ebnet den Weg dafür, dass eine regelmäßige Hilfe durch einen Pflegedienst oder durch Nachbarschaftshilfe zugelassen wird.

Im unten folgenden Fallbeispiel werden diese zentralen Bestandteile des Hausbesuchs verdeutlicht. Es handelt sich um ein positiv verlaufendes Beispiel mit allen darin auftauchenden Schwierigkeiten und Hindernissen. Fallsituationen, die ungünstiger verlaufen, bei denen es immer wieder darauf ankommt, überhaupt den Kontakt und die Beziehung über Hausbesuche aufrechtzuerhalten, werden an anderer Stelle des Buches dargestellt.

Über eine eigene Wohnung zu verfügen bedeutet Geborgenheit, Sicherheit und Rückzugsmöglichkeit. Sie ermöglicht es, so sein zu können, wie es der eigenen Lebensplanung und den eigenen Bedürfnissen entspricht, ohne allerdings die Regeln und Konventionen des Zusammenlebens in einem Haus außer Acht lassen zu können. Mehr noch als das kann eine Wohnung aber auch zur isolierten und von der Welt abgeschotteten »Trutzburg« werden, was nicht selten mit einer de facto vollständig eingestellten Interaktion mit der Umgebung einhergeht.

Vertreter öffentlicher, staatlicher Institutionen, Dienste und Einrichtungen betreten aus *dienstlichen* Gründen und Motiven den privaten, intimen Raum eines Individuums. Diese Erkenntnis verlangt unabdingbar, dem Menschen und seinem Wohnraum als Teil seiner Identität mit Respekt und Wertschätzung zu begegnen, selbst wenn der Zustand der Wohnung nicht den Vorstellungen des professionell Tätigen entspricht oder sogar in Richtung Verwahrlosung tendiert. Eine derartige Haltung bedeutet jedoch nicht, alles hinzunehmen oder über sich ergehen lassen zu müssen, vor allem dann nicht, wenn die Wohnung gesundheitsgefährdende Merkmale aufweist. Entscheidend ist immer, ob dem Gegenüber mit Achtung und Respekt begegnet wird, und zwar auch dann, wenn er uns mit einer eher abwertenden, ironisch-sarkastischen oder gleichgültigen Haltung entgegentritt.

BEISPIEL

Frau Webers gesamte Lebenslage ist prekär und gekennzeichnet durch eine komplexe Gemengelage miteinander verflochtener Probleme und Defizite: Sie ist materiell arm (kleine Erwerbsunfähigkeitsrente mit aufstockender Grundsicherung) und lebt allein, isoliert, zurückgezogen, gesellschaftlich weitgehend ausgegrenzt in einem wechselseitigen Prozess von krankheitsbedingtem Rückzug und Abwendung der Umgebung, allerdings eher aus Hilf- und Ratlosigkeit als aus Motiven von Ressentiments und Vorurteilen. Diese Lage ist gepaart mit einer längeren psychiatrisch-stationären »Karriere« und mit gelegentlichen Zwangseinweisungen. Doch trotz der Konflikte im Haus, die während ihrer akuten Krisen entstanden sind, kann sie die Wohnung aufrechterhalten, was äußerst wichtig für sie ist.

Der Empfang zu Hause gestaltet sich für sie einfacher als Termine in der Beratungsstelle. Zum einen erschwert ihr relativ schwacher körperlicher Zustand das Verlassen der Wohnung. Zum anderen erleichtert ihr das Gefühl der Sicherheit und Geborgenheit, das ihr die Wohnung vermittelt, sich überhaupt auf einen Kontakt einzulassen und sich einem anderen Menschen anzuvertrauen.

Schon bei den ersten Hausbesuchen wird deutlich, dass sie der große Schuldenberg – der aus der Einrichtung eines Buchhandels in ihrer Wohnung im Verlauf einer manischen Phase stammt – als zentrales Anliegen belastet. Diese »Hypothek«, so ihr Wort, beeinträchtigt ihr Lebensgefühl schwerwiegend. Hin und wieder drängen sich ihr in Phasen des Gefühls von Ausweg- und Hoffnungslosigkeit Suizidgedanken auf.

Nach gemeinsamer Überlegung unter Abwägung ihrer gesamten prekären Lebenslage wird ihrem dringenden Anliegen gefolgt. Frau Weber ist sehr kooperativ und erstellt eine genaue Liste ihrer Schulden. Innerhalb eines Dreivierteljahres können schließlich mit einem nicht unerheblichen Aufwand bei rund 25 Gläubigern Vergleiche, vor allem Niederschlagungen abgeschlossen und die Regulierung der Schulden erfolgreich zu Ende gebracht werden.

Aufgrund des kontinuierlichen Kontakts von zwei Hausbesuchen pro Woche in dieser Phase der Verlässlichkeit und der sichtbaren Erfolge entsteht sukzessive eine stabile Vertrauensbeziehung. Gleichzeitig drängen sich nach und nach die anderen problematischen Bereiche ins Blickfeld. Mehr und mehr ist ihre schlechte körperliche Verfassung mit Herz-Kreislauf-Beschwerden inklusive häufigem Schwindel wahrnehmbar. Dies wiederum hat die konsequente Miteinbeziehung des Hausarztes zur Folge, die über eine längere Zeit hinweg brachlag. Parallel dazu akzeptiert Frau Weber, dass in körperlich sehr schwachen Phasen die Diakoniestation zur morgendlichen Toilette heranzogen werden kann. Gleichzeitig wird auf einen kontinuierlichen Kontakt mit ihrem Psychiater hingearbeitet, um eine regelmäßige und geeignete Medikation sicherzustellen.

Die Wohnung selbst ist nicht in Gefahr. Die Miete wird regelmäßig vom Konto abgebucht. Probleme mit den Nachbarn liegen keine mehr vor, nachdem keine weiteren Ruhestörungen mehr aufgetreten sind. Die nachbarschaftlichen Kontakte sind auf ein Mindestmaß begrenzt, indem man sich grüßt, wenn man sich im Treppenhaus begegnet.

Trotz der Konzentration auf die Bearbeitung der Schulden wird während der Hausbesuche der Blick auf weitere Themen und Bereiche, die der Bearbeitung bedürfen, gelenkt. Nach der Bewältigung der dringlichsten Probleme kann sie sich mit beratender Unterstützung nach und nach der weiteren Gestaltung ihres All-

tagslebens widmen. Wie verbringt und strukturiert sie sinnstiftend ihre Zeit? Wie erweitert und strukturiert sie ihren Lebensraum? Wie knüpft und gestaltet sie bei aller Vorsicht und Zurückhaltung wieder Kontakte und Beziehungen zu anderen Menschen?
Schritt für Schritt, Hausbesuch für Hausbesuch gelingt es mit unterstützender Beratung, Begleitung und Motivierung, zunächst in ihren Vorstellungen und dann auch im konkreten Alltagsleben Anreize zu schaffen, die Wohnung wieder regelmäßiger zu verlassen und ihren Lebensraum zu erweitern. Frau Weber beginnt wieder regelmäßig, beim Bäcker und Lebensmittelladen »um die Ecke« einzukaufen. Auch überlegt sie inzwischen, was sie tun will, um sinnstiftend ihre Zeit und auch ihre Kontakte zu gestalten. So entstehen während der Hausbesuche Überlegungen und Planungen, die sie nach und nach, außerhalb ihrer Wohnung, in die Tat umsetzt. Die Rückkehr ins gesellschaftliche Leben in Verbindung mit der Stabilisierung ihrer Gesundheit ermöglicht auch die Beendigung der freiwilligen Geldverwaltung durch die Sozialpsychiatrischen Hilfen, die für sie in den unsicheren und fragilen Zeiten wichtig gewesen ist.

Der Hausbesuch bei Frau Weber war Ausgangspunkt und unverzichtbare Voraussetzung zum Gelingen des sozialpsychiatrischen Handelns. Sämtliche Bereiche des täglichen Lebens, ihre psychische und physische Befindlichkeit, ihre prekäre Lebenslage, ihre Ängste und Hoffnungen wurden Gegenstand der Hausbesuche. Die Wohnung war für sie das sichere, vertraute Rückzugsrefugium, eine stabile Grundlage, von der aus es ihr gelang, sich durch die kontinuierliche, verlässliche und intensive Unterstützung und Begleitung die Welt jenseits ihrer Wohnung wieder zu erschließen.

Umgang mit angespannten und aggressiven Situationen

Finden Hausbesuche in Krisensituationen statt, sei es aufgrund der psychischen Erkrankung oder auch aufgrund aufgeladener familiärer Situationen, kann es zu hoch angespannten und unter Umständen auch zu gefährlichen Situationen kommen.

BEISPIEL

Frau Schaller ist der Beratungsstelle schon länger bekannt. Sie gerät mit ihrem Umfeld sehr schnell in Konflikt, wenn die Dinge nicht so laufen, wie sie sich dies vorgestellt hat. So haben sich bereits mehrere Nachbarn beim Vermieter über sie beschwert und beim Sozialamt hat sie sogar Hausverbot. Seit Längerem ist sie körperlich und psychisch in einer sehr schlechten Verfassung. Ihr Übergewicht macht ihr zu schaffen, sodass sie mit dem Gehen enorme Probleme hat und ihre Wohnung kaum verlassen kann. Der Sozialpsychiatrische Dienst hält regelmäßig mit ihr Kontakt und besucht sie etwa alle vier Wochen. Bei diesen Gelegenheiten werden die Post durchgeschaut und auch aktuelle Dinge besprochen. Frau Schaller ist in ihrem Verhalten wenig reflektiert und kaum beeinflussbar und erlebt sich als in allen Dingen benachteiligt.

Beim turnusmäßig stattfindenden Hausbesuch öffnet Frau Schaller wie gewohnt die Wohnungstür. Sie ist jedoch sehr aufgebracht. Sie schimpft und schreit die Mitarbeiterin an und läuft aufgeregt in der Wohnung umher. Die Mitarbeiterin hört ruhig den Schimpftiraden zu, in der Annahme, dass diese abflachen werden und dann ein Gespräch möglich wird. Frau Schaller ist generell sehr misstrauisch und hat immer Sorge, dass bei ihr etwas gestohlen werden könnte. Als sie nun auch noch die Wohnungstür abschließt, wird es der Mitarbeiterin wegen der hohen Aggressivität von Frau Schaller doch etwas mulmig. Laut und sehr bestimmt fordert sie deshalb, umgehend die Wohnungstür wieder aufzuschließen, ansonsten würde sie die Polizei rufen. Außerdem solle Frau Schaller endlich aufhören, sie anzuschreien und zu beschimpfen. Nach einer erneuten, sehr bestimmten Aufforderung schließt sie widerwillig die Wohnungstüre auf. An der Tür fragt die Mitarbeiterin, ob es möglich ist, sich in normalem Ton zu unterhalten oder ob sie ein anderes Mal wiederkommen solle.

Frau Schaller schimpft zwar weiter vor sich hin, jedoch in einem deutlich leiseren Ton. Auf die Nachfrage, was sie so aufgebracht habe, zeigt sie einen Brief vom Vermieter, der eine Abmahnung enthält und mit der Kündigung der Wohnung droht. Nach der klaren Absprache, dass die Wohnungstüre nicht abgeschlossen wird und die lauten Beschimpfungen aufhören, lässt sich die Mitarbeiterin darauf ein, in der Wohnung den Brief des Vermieters und die möglichen Reaktionen zu besprechen.

Das Beispiel zeigt, dass oft gleich zu Beginn des Kontakts Anzeichen angespannter oder latent bis manifest aggressiver Haltungen wahrgenommen werden können. In bedrohlichen Situationen ist es wichtig, zunächst wieder eine sichere Situation für den Mitarbeiter herzustellen, um dann das weitere Vorgehen zu entscheiden. Auch wird deutlich, dass eine klare und bestimmte Grenzsetzung verbunden mit weiteren Absprachen beiden Seiten Sicherheit gibt und dadurch schon deeskalierend wirkt.

Anzeichen wahrnehmen

Gewaltsituationen erfolgen meist nicht aus »heiterem Himmel«. Sie haben oft Vorboten, die wir auch wahrnehmen können: Körpersprache, Äußerungen, Anspannung, gepresstes oder auch sehr lautes Reden. Äußerungen von hoher Anspannung und Aggression können sich aber sehr verschieden ausdrücken und variieren individuell.

Wichtig ist es in Bedrohungssituationen, dass wir auf unser »Bauchgefühl« hören, denn unbewusst nehmen wir oft schon etwas wahr, was noch nicht im Bewusstsein angekommen ist. Angst oder Unbehagen haben uns immerhin in unserer Evolution das Überleben gesichert. Intuition ist ein komplexer Informationsverarbeitungsprozess, der sehr schnell abläuft. Das Gefühl sagt, ob etwas gefährlich ist oder nicht, ohne dass wir immer genau wissen, aufgrund welcher Reize und Wahrnehmungen dieses Urteil entstanden ist. Im Fallbeispiel von Frau Schaller oben wäre es sicherlich gut gewesen, sich vor dem Eintreten in die Wohnung kurz Zeit zu lassen und wahrzunehmen, dass heute etwas anders ist als bei den bisherigen Hausbesuchen und dass Frau Schaller sehr angespannt und aufgeregt ist.

Sind angespannte Situationen absehbar, so ist es gut, einen Hausbesuch zu zweit oder auch unter Hinzuziehung der Polizei durchzuführen. Bei Erstbesuchen kann dies bereits aufgrund der Anfrage überlegt werden. Ähnliches gilt bei entsprechenden Krisensituationen. Oft trägt die Anwesenheit der Polizei eher zur Beruhigung der Situation bei als zur weiteren Eskalation, da dadurch vermittelt wird, dass die Situation als ernst eingeschätzt wird. > Polizei, Seiten 53, 56 f.

Wird erst vor Ort deutlich, dass die Situation ein »mulmiges Gefühl« verursacht, ist es wichtig, dies ernst zu nehmen und bereits an der Wohnungstür abzuklären, ob heute und unter welchen Bedingungen der Hausbesuch stattfinden kann. Eventuell ist es auch sinnvoll, sich für später zu verabreden oder sich außerhalb der Wohnung zu treffen.

Früher Ausstieg aus der Eskalation – Deeskalationsstrategien

Ob eine Situation weiter eskaliert oder wir etwas zur Deeskalation beitragen können, hängt auch von unserem eigenen Verhalten und von unserer Kommunikation ab. Schon sprachlich ist es ein Unterschied, ob wir mit Ich-Botschaften oder mit Du- beziehungsweise Sie-Botschaften agieren. »Auf mich wirken Sie heute angespannter als sonst«, klingt anders als »Sie sind heute sehr aggressiv«. Gerade aufgebrachten Menschen gegenüber sind einfache kurze Sätze sinnvoller als komplizierte lange, denn sie können in einer angespannten Gemütsverfassung eher aufgenommen werden.

Welche Körperhaltung nehmen wir ein und welchen Abstand zu unserem Gegenüber halten wir? Es kann oft schon hilfreich sein, einen Schritt zurückzutreten, um wieder mehr Abstand herzustellen. Die besuchte Person sollte sich nicht bedrängt fühlen. Nähe oder sogar Berührungen, wie die vermeintlich beruhigende Hand auf der Schulter, können für das Gegenüber eher bedrohlich wirken. Es stellt auch einen Unterschied dar, ob wir uns frontal dem anderen gegenüberstellen oder uns eher etwas seitlich platzieren. Wir können solche Verhaltensweisen einsetzen, je nachdem, was wir für Signale aussenden wollen beziehungsweise für die jeweilige Situation für angemessen halten. Auf jeden Fall sollte vermieden werden, dass wir im Rücken des anderen stehen oder er in unserem Rücken. In der Körperhaltung sollten wir uns um ein selbstsicheres Auftreten bemühen. Der Körpersprache wird in unserer Wahrnehmung sozialer Situationen und Interaktionen oft mehr Wahrheitsgehalt und Wahrhaftigkeit beigemessen als den verbalen Äußerungen.

Wichtig ist, möglichst frühzeitig aus der Eskalation auszusteigen, denn je länger sie andauert und je mehr sie sich beidseitig hochschaukelt, desto schwieriger ist es, sie wieder zu stoppen. Dies heißt auch:

Je früher eine Konfliktsituation und die mögliche Eskalation erkannt werden, desto weniger besteht die Gefahr, darin verwickelt zu werden.

Wir empfehlen den Besuch eines Deeskalationstrainings, in dem verschiedene Varianten und deren Wirkungen ausprobiert werden können. Dies trägt enorm zum eigenen Sicherheitsgefühl und zu mehr Handlungsoptionen bei.

Grenzen setzen

Ein möglicher Ausstieg aus eskalierenden Situationen besteht darin, Grenzen zu setzen, indem wir klar und deutlich sagen, was wir wollen und was nicht.

Jemand, der schreit, ist meist so erregt, dass er nicht zuhören kann. Es zeigt dann wenig Wirkung, wenn wir auf ihn »einreden«. Bewährt hat es sich eher, abzuwarten und ruhig zu bleiben, bis der andere aufgehört hat zu schreien. Im Anschluss ist es dann sinnvoll, mitzuteilen, dass man sich nicht anschreien lassen möchte, und bestimmt darum zu bitten, die Unterhaltung in angemessenem Ton weiterzuführen. Sollte der Eindruck bestehen, dass sich die Situation eher aufschaukelt als beruhigt und sich das Gegenüber immer noch mehr in Rage bringt, ist es gut, die Situation zu unterbrechen. Dafür kann es hilfreich sein, etwas Unerwartetes zu tun, zum Beispiel laut auf den Tisch zu schlagen oder laut und bestimmt »Stopp!« zu rufen oder aber die Situation ganz zu verlassen.

Wenn Konsequenzen angedroht werden, ist es wichtig, dass diese generell auch umsetzbar sind und gegebenenfalls real auch umgesetzt werden (können). Es ist wichtig, zu beachten, dass man sich mit der Androhung von Konsequenzen nicht selbst jeglicher Möglichkeiten berauben darf. Außerdem ist es wichtig, Transparenz bezüglich des eigenen Verhaltens, eigener Absichten und Ankündigungen sowie deren Realisierung walten zu lassen. Dies trägt dazu bei, dass Misstrauen und Spekulationen weniger Raum bleibt. Transparentes und authentisches Verhalten ist auch für die spätere Aufarbeitung mit dem Klienten sehr hilfreich und geradezu unverzichtbar.

ANZEIGEN Beleidigungen, Bedrohungen und vor allem körperliche Angriffe können durchaus zur Anzeige gebracht werden. Dies ist wichtig für die Grenzsetzung und das Herstellen des Realitätsbezugs. Eine Anzeige kann jedoch dazu beitragen, die weitere Zusammenarbeit zu verhindern. Hier sollte gründlich abgewogen werden, welche Ziele mit einer Anzeige verfolgt werden. Wichtige Aspekte können neben der Grenzsetzung auch die eigene Psychohygiene und die des gesamten Teams sein. Versagensgefühle, Ängste, Kränkungen, Enttäuschungen oder der Wunsch nach Wiedergutmachung sollten jedoch auch anders, etwa durch Supervision, bearbeitet werden. Es muss zudem die Frage geklärt werden, ob überhaupt eine weitere ambulante Beratung oder Begleitung möglich und auch sinnvoll ist. Und, wenn ja, ob es besser ist, jetzt den betreuenden Mitarbeiter zu wechseln, oder es eine Chance birgt, gerade dies nicht zu tun. All diese Fragen können nicht prinzipiell beantwortet werden, denn sie hängen vom Einzelfall ab. Sowohl die Situation, in der die Eskalation entstanden ist, als auch die Umstände der dabei betroffenen Personen müssen beachtet werden.

Teilweise wird die Erfahrung gemacht, dass bei Menschen mit psychischen Erkrankungen einer Anzeige vonseiten der Polizei und Staatsanwaltschaft weniger strikt nachgegangen wird. Es wird von vornherein von einer eingeschränkten Schuldfähigkeit oder auch von gänzlicher Schuldunfähigkeit ausgegangen. Dies ist nicht nachvollziehbar, da zum einen nicht jede Beleidigung und Tätlichkeit auf die psychische Erkrankung zurückzuführen ist, zum anderen ist bei Tätlichkeiten zu überprüfen – sofern tatsächlich die psychische Erkrankung Ursache der Straftat war –, ob eine Fremdgefährdung vorliegt und entsprechend gehandelt werden sollte.

Ergänzt sei noch, dass es auch möglich ist, dass der Dienstvorgesetzte die Strafanzeige für seine Mitarbeiter stellt und somit deutlich macht, dass es sich hier nicht um eine »private Streitigkeit« handelt (siehe Rösch & Linsenmayr 2017).

Fremdgefährdung von Familienangehörigen oder anderen Beteiligten

Der überwiegende Teil unserer Klienten und Klientinnen lebt zwar allein, allerdings gibt es doch immer wieder die Situation, dass sich die Aggression und Gewalt nicht gegen den Besucher, sondern gegen Familienangehörige richtet. Bei Hausbesuchen erhält man manchmal unfreiwillige Einblicke in familiäre Lebenssituationen, die von Gewalt und Missbrauch geprägt sind. Geht es dabei um Kinder und Jugendliche, so stehen wir in einer ganz besonderen Verpflichtung, Schutz zu gewähren, die auch gesetzlich festgeschrieben ist. > Kinderschutz, Seiten 108, 112 ff.

Bei Erwachsenen erleben wir oft »Grauzonen«, die sehr schwierig auszuhalten sind. Wo werden wir zu Mitwissern und somit zu still Tolerierenden von Misshandlungen der erkrankten Person oder auch von Gewalt gegen sie? Wenn irgend möglich, sollte zumindest vermittelt werden, dass man die Situation wahrnimmt und nicht in Ordnung findet. Dies ist eine Form der Herstellung von »Öffentlichkeit« und macht deutlich, dass wir das Verhalten nicht für normal und für nicht tolerabel halten. Eine entsprechende Äußerung kann so klingen: »Ich möchte nicht, dass Sie über Ihre Frau so reden, und auch nicht, dass Sie sie so abwertend behandeln. Dies würden Sie selbst auch nicht wollen. Ich erlebe da sehr viel Aggressivität Ihrer Frau gegenüber.«

Manchmal kann sich ein weiterführendes Gespräch mit dem Betroffenen oder auch der ganzen Familie anschließen. Häufiger jedoch stehen wir in Familienkonflikten vor dem Problem, dass selbst bei massiver Misshandlung das Familiensystem von außen nur schwer veränderbar ist. Wenn gemeinsame Gespräche nicht möglich sind, können unabhängige Beratungsangebote für die einzelnen Familienmitglieder sinnvoll sein – ob sie angenommen werden, liegt nicht in unserer Macht. Zuweilen sind auch mehrere Einladungen nötig (Bundesverband der Angehörigen psychisch erkrankter Menschen 2016).

Gewalt gegenüber zu Pflegenden kann sehr verschiedene Gesichter haben: Verweigerung von Bedürfnissen, Drohungen, Schläge etc. Sie sind oft Anzeichen von Überlastung und Überforderung. Auch hier gilt es, durch den Hausbesuch Öffentlichkeit herzustellen und gleichzeitig Hilfe anzubieten.

Der Teamaustausch und die Supervision sind in diesen Situationen unerlässlich, um in jedem einzelnen Fall eine Haltung und auch spezielle Handlungsmöglichkeiten zu entwickeln. Wenn alle Möglichkeiten ausgeschöpft sind, muss die Frage geklärt werden, ob eine Anzeige erstattet und die Polizei eingeschaltet wird, und zwar auch mit dem Risiko, dass anschließend unter Umständen »die Tür zu ist« und keine weitere Maßnahme erfolgen kann.

Besteht Fremdgefährdung im Rahmen einer psychiatrischen Krise, kann eine Einweisung über das PsychKHG veranlasst werden (Meyder u.a. 2015, S.74 ff.). > Psychisch-Kranke-Hilfe-Gesetz, Seite 85

Gesundheitsgefährdende Situationen für den Klienten

Neben der Gefährdung anderer ist es auch immer eine schwierige Situation, wenn es um die Eigengefährdung von Klientinnen und Klienten geht. Welches Verhalten kann noch verantwortet werden? Wann muss unmittelbar gehandelt werden? Bei Suizidalität muss besonders sorgsam abgeklärt werden, wie akut diese Situation ist und welche Maßnahmen erforderlich sind. > Suizidalität, Seiten 24, 86 f.

BEISPIEL

Frau Kluge ist 73 Jahre alt. Sie lebt allein und ist sehr vereinsamt. Die Kinder haben ihre eigene Familie und leben weit entfernt. Das Haus verlässt sie kaum noch, wobei sie körperlich dazu durchaus in der Lage wäre. Eine Nachbarin kauft für sie ein. Diese hat sich schließlich an die Beratungsstelle gewandt in der Sorge um Frau Kluge.

Beim Hausbesuch wird deutlich, dass Frau Kluge depressiv ist und am liebsten nicht mehr leben möchte. Konkretere Suizidüberlegungen und -vorbereitungen verneint sie. Der Hausbesuch ist für sie in Ordnung und sie lässt sich auch auf einen weiteren Temin ein, erscheint jedoch sehr teilnahmslos. Beim nächsten Termin wird eine psychiatrische Behandlung der Depression angesprochen. Dies lehnt sie ab. Auch die Hinzuziehung des Hausarztes und eines Pflegedienstes, der täglich nach ihr schauen könnte, möchte sie nicht. Es wird ein weiterer zeitnaher Termin vereinbart. Bei diesem Termin erfolgt keine Reaktion auf das Klingeln an der Wohnungstür. Die Nachbarin kann auch keine weitere Information geben, als dass sie sie vor zwei Tagen zum letzten Mal gesehen habe. Die Rollläden sind wie immer halb geschlossen, also auch dies keine Ungewöhnlichkeit. Nach Rücksprache mit einem Teamkollegen entscheidet sich der Mitarbeiter, die Polizei zu informieren. Diese kommt und veranlasst die Öffnung der Wohnung. Frau Kluge sitzt teilnahmslos in ihrem Wohnzimmer und reagiert nur eingeschränkt.

Der hinzugezogene Notarzt veranlasst eine Einweisung in die psychiatrische Klinik. Bei einem Besuch in der Klinik erzählt Frau

Kluge, dass sie seit einigen Wochen die Badewanne immer voller Wasser hatte, falls sie sich doch die Pulsadern öffnen wollte. Nach der Entlassung will sie nicht mehr in ihre Wohnung, sondern in ein Pflegeheim.

Abzuschätzen, wie suizidal jemand ist und wann eine Einweisung wegen Selbstgefährdung auch gegen den Willen des Betroffenen anzuregen ist, fällt immer auch in den Aufgabenbereich der sozialpsychiatrischen Hilfen. Auch die Klientinnen und Klienten wissen dies, und es stellt auch für sie eine Form der Verlässlichkeit dar, dass wir gegebenenfalls handeln. Auch bei Frau Kluge ist es vielleicht nicht nur Zufall, dass die Chance bestand, dass die Sozialarbeiterin handeln konnte. Zumindest zeigte sich eine Ambivalenz dem Todeswunsch gegenüber: Besteht wirklich keinerlei Lebenswunsch mehr, haben wir Helfende meist auch keine Chance, noch einzugreifen (dazu auch Eink & Haltenhof 2016).

Weitere Selbstgefährdungssituationen entstehen durch die Einstellung der existenziellen Versorgung oder durch eine Suchtmittelüberdosierung. Ist jemand nicht mehr in der Lage oder stellt jemand aufgrund seiner paranoiden Vorstellungen oder aus anderen Gründen das Essen und Trinken ein, sollte ebenfalls an Selbstgefährdung gedacht und entsprechend gehandelt werden. Dies gilt zudem für Intoxikationen mittels Alkohol, anderer Drogen oder Medikamenten.

»Hier krabbelt es überall« – verwahrloste Wohnungen

Eine besondere Herausforderung sind Hausbesuche in schwer auszuhaltendem Zustand der Wohnungen. Heruntergelassene Rollläden, wochenlang nicht gelüftete Räume, vor sich hin stinkende Müllsäcke ...

Alle Mitarbeiterinnen und Mitarbeiter entsprechender Dienste kennen dies. Die Reaktion darauf lautet oft in etwa so: »Am liebsten würde ich nach dem Hausbesuch duschen und frische Kleider anziehen.«

Sicherlich hat hier jeder seine eigenen Toleranzgrenzen, doch ist es durchaus erlaubt, dass wir uns selbst ernst nehmen und dafür sorgen, uns während der Arbeit einigermaßen wohlzufühlen. Manche Wohnungen sind so verraucht, dass einem die Luft wegbleibt, die Bewohner tragen seit Wochen immer dieselbe Kleidung. Hier besteht die Kunst, gut für sich zu sorgen und dennoch das Gegenüber nicht vor den Kopf zu stoßen. Vielleicht so: »Entschuldigung, aber ich muss ein Fenster öffnen, ich bekomme keine Luft zum Atmen. Ich bin so viel Zigarettenrauch nicht gewohnt. Ist das in Ordnung?« > Selbstsorge, Seiten 123 ff., 128

Vielleicht gelingt es ja auch, nach und nach die Wohnung in einen anderen Zustand zu versetzen, oder auszuhandeln, dass während des Besuches nicht geraucht wird oder ein Treffen außerhalb der Wohnung möglich ist. Vielleicht lassen sich sogar erste hygienische Verbesserungsaktionen initiieren.

Schwierig ist es unter solchen Umständen auch, ein angebotenes Getränk anzunehmen, aber die Ablehnung sollte so klingen, dass sie den anderen als Gastgeber in seiner eigenen Wohnung nicht kränkt. »Vielen Dank, aber ich habe gerade keinen Durst. Ich komme von einer Besprechung und habe dort schon viel zu viel Kaffee getrunken.«

Auch diese Frage tritt in unserem Arbeitsalltag zuweilen auf: Kann ich den angebotenen Platz ablehnen, wenn er mir aufgrund vorliegender Inkontinenz der Wohnungsinhaberin nicht benutzbar erscheint? Wiederum ist Kreativität gefordert, um sich im Spannungsfeld des Beziehungsaufbaues und der Wertschätzung der Klientin als Gastgeberin sowie der eigenen Selbstsorge zu bewegen. Gibt es noch einen vertrauenerweckenderen Stuhl oder ein Kissen, um das sich bitten lässt? Oder soll ich doch lieber das häufige und lange Sitzen im Büro als Entschuldigung für mein Stehen anführen?

Mit weiteren Kontakten und mit einer stabiler werdenden Beziehung ist es in den meisten Fällen sicherlich möglich, solche problematischen Themen anzusprechen, sodass die Chance besteht, gemeinsam Veränderungen herbeizuführen, und zwar dies auch im Sinne der Förderung sozialer Kontakte, denn anderen Besuchern geht es natürlich nicht anders als uns. Den Zustand der Wohnung anzusprechen und die Schwierigkeiten, ihn auszuhalten, ist authentisch, jedoch häufig nicht beim Erstkontakt umsetzbar. Aber ab wann ist eine Wohnung so verwahrlost, dass sie zur Selbstgefährdung wird? Das Motto »Freiheit zur Verwahrlosung« oder die gegenüberliegende Seite »Das Recht auf Fürsorge« hat schon viele Diskussionen in Fachkreisen ausgelöst und zeigt das Spannungsfeld auf, in dem wir uns bewegen.

VERMIETER Das Gesundheitsamt muss dann eingreifen, wenn von der Wohnung eine Infektionsgefahr ausgeht. Dies ist in der Regel aber nicht der Fall. Bei Ungezieferbefall ist der Vermieter oder Wohnungseigentümer verpflichtet, den Kammerjäger einzuschalten. Bei Eigentums- oder Besitzbeeinträchtigung durch Nassmüll oder Schimmelbefall kann der Vermieter ebenfalls entsprechende Maßnahmen verlangen. Bei Schimmel ist oft strittig, ob die Ursache beim Mieter im mangelnden Lüften und Heizen oder beim Vermieter beziehungsweise in der Bausubstanz begründet liegt. Je nachdem müssen die Kosten von dem einen oder dem anderen getragen werden. Geruchsbelästigung von Nachbarn, auch Gefährdung der Statik der Wohnung zum Beispiel durch Sammeln von Büchern und Zeitungen bis unter die Decke einer Wohnung oder auch das Zustellen von Treppenhäusern (Brandschutz) sind Anlässe, die legitime Auflagen durch den Vermieter nach sich ziehen können.

Die Frage nach der Selbst- oder Fremdgefährdung und somit die Möglichkeit einer Unterbringung in der psychiatrischen Klinik über das PsychKHG ist sehr eng definiert. Eine verwahrloste Wohnung allein ohne zusätzliche Gefährdungsmomente führt in der Regel nicht zu einer Zwangseinweisung (siehe MEYDER u. a. 2015, S. 80). > Psychisch-Kranke-Hilfe-Gesetz, Seite 80

Wenn möglich, gilt es zunächst, via Beziehung und Hilfeangebote Abhilfe zu schaffen oder mindestens herauszufinden, worin denn die Problematik besteht: Handelt es sich um ein Messi-Problem, besteht ein Wahnsystem, das nicht erlaubt, Dinge wegzuwerfen, oder ist der Haushalt eine Anforderung, die nicht mehr bewältigt werden kann? Je nach Problemstellung sieht auch die mögliche Hilfe aus. Unter Umständen ist die Einrichtung einer gesetzlichen Betreuung sinnvoll und unterstützend, um Auflagen des Vermieters umsetzen zu können und die Wohnung zu erhalten. Insgesamt ist dies auch eine ethische Frage: Wann ist die Grenze erreicht zwischen freiheitlicher, individueller Lebensgestaltung und menschenunwürdigem Dasein, das zudem noch selbstgefährdende Aspekte hat?

Aus Erfahrung lässt sich sagen, dass oft das Zweite zutrifft: Meist handelt es sich um Menschen, die aus welchem Grund auch immer aus der Bahn geworfen sind und selbst unter ihrer Situation leiden, jedoch aktuell für sich keine Möglichkeit sehen, etwas zu verändern.

Wenn es um Ordnung und Sauberkeit geht, werden vom Umfeld oft Aufträge an den helfenden Dienst erteilt, und wir sind grundsätzlich geneigt, Verantwortung zu übernehmen. Deshalb ist hier eine präzise Auftragsklärung und ein überlegtes Abwägen und Handeln im Sinne des Betroffenen unbedingt erforderlich.

Selbst- und Fremdgefährdung – zwangsweise Unterbringung

Eine der schwierigsten und auch für alle Beteiligten heikelsten Entscheidungen in der ambulant aufsuchenden Arbeit ist die Veranlassung von Zwangsmaßnahmen. Diese stellen einen massiven Eingriff in die Persönlichkeitsrechte des Einzelnen dar. Die Folgen der Entscheidung haben – sowohl in die eine wie auch in die andere Richtung – oft nicht zu unterschätzende Auswirkungen.

In den meisten Situationen eines Hausbesuchs ist es möglich, Vereinbarungen – und sei es lediglich die Fortsetzung des Gesprächs zu einem späteren Zeitpunkt – oder das Hinzuziehen etwa eines Pflegedienstes oder auch die freiwillige Einweisung in die Klinik auszuhandeln. Wenn dies jedoch nicht gelingt und eine akute Selbst- oder Fremdgefährdung besteht, ist unmittelbares Handeln notwendig. Dann muss je nach Situation die Polizei oder/und der Arzt eingeschaltet werden, um eine Einweisung nach PsychKHG gegen den Willen des Betroffenen zu veranlassen.

Für die Beteiligung des Mitarbeiters auch an solchen Einsätzen spricht, dass über diesen Weg die Krise später besprechbar bleibt und die Erfahrungen für die Prophylaxe weiterer Krisen nutzbar sind. Es zeigt sich auch immer wieder, dass eine solche Beteiligung die Beziehung zum Klienten stärken kann, da transparentes Verhalten, Sorge und Verlässlichkeit wichtige Aspekte für die weitere Arbeit miteinander, etwa nach dem Klinikaufenthalt, darstellen. Schwierig wird es hingegen, wenn die Gefahr besteht, in einen psychotischen Wahn miteinbezogen zu werden, und der Beziehungsabbruch droht. Dann besteht das Risiko, dass die Anwesenheit zur Eskalation beiträgt. Hier empfiehlt sich, eher eine neutrale Haltung einzunehmen.

SCHWEIGEPFLICHT Nicht nur für solche Situationen gilt: Psychosoziale Mitarbeiter unterliegen grundsätzlich der Schweigepflicht (berufliche Schweigepflicht gemäß § 203 StGB). Besteht jedoch Selbst- oder Fremdgefährdung, greift zum einen je nach angedrohter Straftat die Offenbarungspflicht (§138 StGB) oder auch die Offenbarungsbefugnis des rechtfertigenden Notstandes (§34 StGB). Das hohe Gut der Schweigepflicht kann also im Notfall, und wenn es kein anderes Mittel gibt, gebrochen werden, um Gefahr für Leib und Leben abzuwenden.

Sowohl die Nichtbeachtung der Schweigepflicht als auch die Einleitung von Zwangsmaßnahmen sollte erst dann erfolgen, wenn alle anderen möglichen Mittel ausgeschöpft sind. Bei in die Persönlichkeitsrechte einschneidend eingreifenden Mitteln empfielt es sich immer, wenn irgend möglich, sich die Außensicht von Kollegen einzuholen. Hier ist der Grad zwischen dem Zuwenig oder dem Zuviel besonders dünn.

Alles in allem gilt: Unser beruflicher Alltag ist eher seltener durch angespannte Situationen bestimmt. Auch Wohnungen, die so verwahrlost sind, dass es an Selbstgefährdung heranreicht, kommen nicht so häufig vor. Doch das Wissen darüber und die Handlungsmöglichkeiten in solchen Situationen geben Sicherheit und ermöglichen uns ein sicheres Auftreten. Dies ist die beste Vorbeugung für angespannte Situationen und einer daraus folgenden Eskalation. Ist Angst ein schlechter Ratgeber oder ein guter Schutz? Auch hier geht es darum, die Situation wahrzunehmen, unserem Bauchgefühl zu trauen und eine angemessene Risikobereitschaft an den Tag zu legen. Es geht nicht darum, Risiken auszublenden, aber es ist auch nicht förderlich, mit dem ständigen Gefühl einer möglichen Bedrohung zum Hausbesuch zu gehen.

Das Thema »Angst« sollte in jedem Team offen, rücksichtsvoll und einfühlend besprechbar sein.

Die Beendigung des Hausbesuchs

Es gibt ganz unterschiedliche Bedingungen, unter denen ein Hausbesuch beendet wird. Im Regelfall verabschieden sich beide Seiten voneinander nach den üblichen Regeln und Konventionen der Kommunikation und Interaktion. Am Ende des Besuchs wird gemeinsam geklärt, ob die Situation so belassen und beendet werden kann. Aktives Nachfragen sollte uns dabei Klarheit darüber verschaffen, ob noch etwas offen und zu klären ist, ob es noch etwas zu tun und zu besprechen gibt und, falls ja, ob diese Angelegenheit auch noch beim nächsten Besuch bearbeitet werden kann. Die Verabschiedung erfolgt freundlich und zugewandt. Häufig wird die Mitarbeiterin zur Tür begleitet und dort verabschiedet.

Schwieriger gestaltet sich die Situation hinsichtlich des weiteren Vorgehens, wenn der Hausbesuch *einseitig* von einem der Beteiligten beendet wird.

Beendigung des Hausbesuchs durch den Klienten

Problematisch und nicht selten heikel gestaltet sich die Konstellation, wenn der Betroffene den Haubesuch weniger freundlich bis schroff, geradezu angespannt oder gereizt beendet. Die Aufforderung, die Wohnung zu verlassen und zu gehen, vollzieht sich dann auf unterschiedliche Art und Weise. Sie reicht von der höflichen Aufforderung bis zu gewalttätigen Übergriffen. Derartige Übergriffe kommen äußerst selten vor, aber sie kommen vor. Den Mitarbeitenden bleibt dann keine andere Wahl, als zum eigenen Schutz schnell und ohne Umschweife die Wohnung zu verlassen.

BEISPIEL

Der 55-jährige Herr Volk leidet unter einer chronifizierten paranoid-halluzinatorischen Psychose mit zusätzlich ausgeprägter Suchtproblematik. Er lebt allein und isoliert in einer kleinen Wohnung in einem sozialen Brennpunkt und bezieht eine bescheidene Erwerbsminderungsrente. Die regelmäßigen Hausbesuche tragen zur mühsamen Bewältigung eines nicht gerade einfachen Alltags bei: Unterstützung bei alltagspraktischen Anforderungen, gesundheitliche Versorgung durch den Hausarzt, sozialanwaltliche Unterstützung sowie Ausgleich bei Konflikten mit den Nachbarn. Der Gang zum Psychiater wird von ihm vehement abgelehnt.
Überlagert werden die Aktivitäten von kontinuierlichen Gesprächen hinsichtlich seiner wahnhaften Fantasien und Ängste sowie dem Versuch, eine etwas realitätsorientiertere Auseinandersetzung mit seinen Ideen zu erreichen, die er als bislang nie anerkannte Erfindungen verkaufen und damit auskömmlich Geld verdienen will. Die bisherige Ablehnung verarbeitet er tendenziell paranoid, indem er glaubt, bestimmte Personen würden ihm den Erfolg nicht gönnen.
Während eines Hausbesuchs, bei dem er leicht alkoholisiert ist, verlangt er von der Mitarbeiterin, dass sie die verantwortlichen Stellen von der Richtigkeit und Zukunftsfähigkeit seiner Erfindungen überzeugen soll. Sie versucht, ihm zu vermitteln, dass sie hier wenig bis keine Einflussmöglichkeiten hätte, und hinterfragt äußerst vorsichtig auch die aktuelle Erfindung, da sie sich die Realisierung nur sehr schwer vorstellen könne. Unmissverständlich gibt er zu verstehen, dass die Mitarbeiterin gehen solle, wenn sie ihm bei der Verwirklichung seiner »Träume« nicht behilflich sein könne.

Verschiedene Versuche, ihm vorsichtig und empathisch zu vermitteln, dass die Umsetzung seines Unterfangens schwierig wäre, kann er nicht nachvollziehen. Genauso wenig zeigt er sich empfänglich für einen Themenwechsel. So bleibt nichts anderes übrig, als den Hausbesuch zu beenden und die Wohnung zu verlassen. Am folgenden Tag erscheint er wieder nüchtern im Gemeindepsychiatrischen Zentrum und entschuldigt sich für sein inadäquates Verhalten. Die langfristige, tragfähige Beziehung ermöglicht ohne Probleme die Fortsetzung des Kontakts mit ihm.

Auch in solchen Situationen beschreiten die Mitarbeitenden immer wieder eine Gratwanderung: Wie lange gelingt der Versuch, den Betroffenen in eine Kommunikation zu verwickeln, um den Abbruch des Hausbesuchs zu verhindern, und ab wann ist wirklich die Grenze der Interaktion erreicht, um zu gehen und den Besuch zu beenden. Es bleibt hier vielfach kaum eine andere Möglichkeit, als dem Bauchgefühl zu folgen, also einerseits nicht gleich aufzugeben, andererseits keine unnötige, sich zuspitzende Eskalation zu befördern und sich in einen Machtkampf hineinzubegeben. Dies hat zur Folge, dass die weitere Zuspitzung und Eskalation durch einen »geordneten Rückzug« vermieden werden kann. So besteht auch eher die Möglichkeit, den Kontakt zu halten.

Allerdings sollte, wenn es die Situation noch erlaubt, sachlich und ruhig, aber klar und eindeutig der nächste Schritt, das Vorgehen des Mitarbeiters mitgeteilt werden. Die Schritte reichen vom Hinterlassen eines weiteren Termins bei unspektakulärer, aber emotionalisierter, angespannter und aufgeheizter Atmosphäre bis hin zur anschließenden Miteinbeziehung der Polizei (nach Rücksprache mit Kollegen und/oder Arzt), wenn sich die Lage so zugespitzt hat, dass Fremdgefährdung nicht mehr ausgeschlossen und die Lage zu Hause aus fachlicher Sicht nicht mehr verantwortet werden kann.

Einseitige Beendigung durch die Mitarbeiter

Verschiedene Anlässe und Motive können dazu führen, dass es der Mitarbeiter selbst ist, der beschließt, den Hausbesuch zu beenden und die Wohnung zu verlassen.

Die Beendigung ist angezeigt, wenn der Klient derart alkoholisiert ist, dass eine dialogische Kommunikation nicht mehr möglich ist. Die Entscheidung zur Fortsetzung oder Beendigung des Hausbesuchs muss ad hoc getroffen werden, abhängig vom jeweiligen Zustand des Betroffenen und von den Fragen und Themen, die bearbeitet werden müssen. So kann unterschieden werden, ob jemand gewohnheitsmäßig Alkohol trinkt und trotz des Alkoholpegels noch eine Verständigung möglich ist oder ob sich jemand schwertut, überhaupt noch flüssig zu sprechen und das Geantwortete aufzufassen. Die Beendigung des Hausbesuchs sollte kurz begründet werden mit der angemessenen, freundlichen, aber bestimmten Verabschiedung und der Ankündigung, am Tag darauf einen neuen Termin telefonisch zu vereinbaren.

Ähnliches passiert, wenn die zu besuchende Person beispielsweise zu müde ist, um einem Gespräch zu folgen und die geplanten Themen und Fragen zu besprechen. So kann die Wirkung der kurz zuvor eingenommenen Medikamente eine Verständigung massiv erschweren oder gar verunmöglichen. Oder ein Besuch am Vormittag kommt noch zu früh, da die nächtlichen Schlafprobleme dazu geführt haben, dass die Klientin erst kurz zuvor eingeschlafen ist und sich nur mühsam auf den Beinen halten kann. Auch hier gilt es, sich wieder freundlich zu verabschieden und eventuell gleich einen neuen Termin schriftlich zu hinterlassen.

Anders verhält es sich allerdings, wenn die Müdigkeit und Schläfrigkeit eventuell die Folge einer Überdosis von Medikamenten ist. Ganz gleich, ob aus suizidalen Erwägungen heraus oder wegen

Unachtsamkeit eine Überdosis an Medikamenten eingenommen wurde, muss umgehend der Notarzt herangezogen werden.

Ein weiterer Grund für einen »geordneten Rückzug« ergibt sich dann, wenn sich die Situation Schritt für Schritt während des Gesprächs zuspitzt. Beispielsweise führen Beschwerden von Nachbarn oder die als unberechtigt wahrgenommene Behandlung durch Behörden oder ein Brief vom Sozialamt zu einer nicht mehr möglichen Beruhigung. Auch ein Streit mit Angehörigen oder Stimmen, die imperativ und belästigend sind, sorgen für Anspannung und Gereiztheit.

Wenn eine beruhigende Deeskalation nicht gelingt und es nicht ausreicht, aus dem Gespräch auszusteigen, indem andere Themen angesprochen werden, bleibt nur übrig, ganz aus der Situation auszusteigen und den Rückzug anzutreten, um eine weitere Zuspitzung zu verhindern.

Versucht ein Klient die Beendigung des Hausbesuchers zu verhindern, indem immer neue, vermeintlich drängende Themen beim Verabschieden »unter der Haustür« thematisiert werden, dann können die Gründe dafür in der Einsamkeit begründet sein, in der Angst vor dem Alleinsein oder vor Beziehungsverlust. Kann eine solche Situation unter dem Hinweis auf das weitere Vorgehen beendet werden oder muss der Hausbesuch doch kurzfristig und unvorhergesehen verlängert werden? Entscheidet man sich für die Beendigung, ist es wichtig, zu vermitteln, dass man das Anliegen ernst nimmt und es nicht zwischen Tür und Angel besprochen werden kann, sondern mit Zeit und Ruhe beim nächsten Besuch. Somit wird einerseits das doch notwendige Ende des Hausbesuchs eingehalten und andererseits eine Beziehungssicherheit hergestellt.

Anlassbedingte Verlängerung des Hausbesuchs

Aus unterschiedlichen Gründen kann sich eine Verlängerung des jeweiligen Hausbesuchs ergeben, sodass die ursprünglich eingeplante Zeit nicht ausreicht. In einer sich anbahnenden oder schon akuten Krisensituation dauert der Hausbesuch fast immer länger. Dies ist zum Beispiel der Fall, wenn sich im Rahmen einer wahnhaften Erkrankung die Realitätsverkennungen von einem zum nächsten Termin akut verstärkt haben. Die damit einhergehenden Ängste, Befürchtungen und Fantasien benötigen ein beruhigendes, deeskalierendes, empathisches und stützendes Handeln seitens der Mitarbeitenden, um eine gemeinsame Vereinbarung zum weiteren Vorgehen treffen zu können.

Nach einer ersten Beruhigung wird gemeinsam überlegt, was der Klient tun kann, um mit der Situation umzugehen. Dafür gibt es keine »Patentrezepte«. Welches Vorgehen sinnvoll ist, hängt sehr vom Einzelfall ab. Was dem einen hilft, kann für den anderen kontraindiziert sein. Hilfreich ist immer die Frage, was benötigt wird, um sich wieder sicherer zu fühlen. Eine Anregung kann sein, gemeinsam mit dem behandelnden Arzt zu überlegen, ob kurzfristig für einige Tage die Medikation leicht erhöht wird, um nachts besser und erholsamer schlafen zu können und die Spitze der Symptome wieder abzuflachen. Wichtig ist darüber hinaus, eine Vereinbarung zu treffen, etwa noch am selben Tag oder gleich am anderen Morgen entweder anzurufen, um sich nach dem Befinden zu erkundigen, oder täglich vorbeizukommen, beispielsweise unter Einbeziehung des psychiatrischen Pflegedienstes. Vielleicht gelingt es dem Betroffenen aber doch auch, sich aufzuraffen und vorübergehend täglich in den vertrauten Rahmen der Tagesstätte des Gemeindepsychiatrischen Zentrums zu kommen.

Eine depressive Erkrankung kann ebenfalls zu einer zunehmenden Antriebsminderung führen, die alle gemeinsam zu erledigenden Dinge wie im Zeitlupentempo voranschreiten lässt. Viele Minuten vergehen allein deshalb, weil sich die Tür noch nicht öffnet. Es wird dann mehr Zeit als geplant benötigt, und zwar in Verbindung mit viel Motivation und »Überredungskunst« – bei gleichzeitig hoher Akzeptanz.

Plötzlich aufgetretene Konflikte mit Nachbarn können zu zeitlichen Verzögerungen führen. Ein akuter Streit, der sich in den zurückliegenden Tagen zugespitzt hat, erfordert dringend einen deeskalierenden Ausgleich und benötigt außerplanmäßig mehr Zeit für den Hausbesuch, weil Gespräche geführt werden müssen.

Befindet sich eine Wohnung in einem zunehmend desolater werdenden Zustand, ist Mehrzeit erforderlich, um sie zumindest für die nächste Zukunft wieder bewohnbar zu machen. Dann müssen mit dem Betroffenen die dringendsten haushaltlichen Herausforderungen wie Entsorgung des Mülls gemeinsam bewerkstelligt werden. Meist ist dies planbar, jedoch gibt es auch hier Situationen, die unvorhergesehen ein sofortiges Handeln nötig machen. Dies kann durch akute Verschlechterung des Zustandes in eine Krise eintreten. Es kann manchmal sogar notwendig sein, einzukaufen, um die Grundversorgung zu garantieren.

Auch dringend zu erledigende sozialanwaltliche Aufgaben wie bei kurzfristig eingegangenen oder aus Angst vor dem Inhalt nicht geöffneten Briefen können Verzögerungen bewirken. Die Erledigung kann aufgrund einzuhaltender Fristen zuweilen nicht aufgeschoben werden, sodass eine Bearbeitung umgehend erforderlich ist, um drohende Konsequenzen abzuwenden. Beispiele sind die angedrohte Stromsperrung bei nicht bezahlter Rechnung, die Wohnungskündigung oder ein Verlust von Zahlungen durch Behörden wie Jobcenter und Sozialamt.

Gerade bei psychisch kranken Menschen kann das Selbstverständliche, die Routine, das »Und-so-weiter« des Alltags, das uns gemeinhin Halt und Sicherheit gibt, unter- und durchbrochen sein. Es kann den Alltag durcheinanderbringen und den Betroffenen verstören und zu einer grundlegenden Verunsicherung führen. Solche Irritationen gilt es ernst zu nehmen.

Flexible, niederschwellige, ambulant-aufsuchende, nicht vorherbestimmte, alltags- und lebensweltorientierte Methodik mit systemischen Elementen zeigt sich als unverzichtbare und unabdingbare Herangehensweise bei der aufsuchenden Arbeit. Sie erreicht einen Personenkreis, der sich schwertut, Hilfe zu suchen und anzunehmen, obwohl oft ein komplexer Hilfebedarf vorliegt. Es wird durch die zugehende Arbeit ermöglicht, kontinuierliche Beziehungen aufzubauen. Von wesentlicher Bedeutung erweist sich die Einbindung und gemeinsame Reflexion im Team sowie die Einbeziehung und Berücksichtigung der Empathie und Intuition der Mitarbeitenden.

Dauer und Frequenzen von Hausbesuchen

Im Unterschied zur häufig üblichen 45-Minuten-Taktung in der Arbeit von Beratungsstellen mit Kommstruktur folgt die Arbeit in der Lebenswelt der Betroffenen und in ihrem Zuhause sowohl in der zeitlichen Abfolge als auch in der Dauer eigenen Abläufen und Notwendigkeiten. Die jeweilige Dauer des Hausbesuchs wird von unterschiedlichen Faktoren bestimmt: psychische und physische Befindlichkeit, akute Krisen, dringende sozialanwaltliche oder alltagspraktische Ereignisse, Ärger mit den Nachbarn oder Zuspitzung der Auseinandersetzung mit Angehörigen sowie unter Umständen eine vorliegende Suizidalität.

Gleichwohl muss im Vorfeld eine orientierende Zeitplanung erfolgen, sonst wäre eine konstruktive und effektive Gestaltung des Kalenders der Mitarbeiter inklusive der Abstimmung untereinander nur schwer möglich. Und doch verursachen unvorhergesehene Ereignisse immer wieder eine flexible Anpassung der zeitlichen Gestaltung. Wie viel Zeit soll für den Hausbesuch eingeplant werden: zwanzig, vierzig, sechzig Minuten oder gar noch länger? Die Antwort ist so einfach wie lapidar: Es gibt ihn nicht, den Standard, jene zeitliche Vorgabe, an der sich die Mitarbeitenden ausrichten können.

Die Mehrzahl der Hausbesuche ist trotz allem einigermaßen vorhersehbar und damit planbar. Aus den individuellen Bedingungsfaktoren in Verbindung mit der Rückkoppelung und Vergewisserung im Team können einmal eher kürzere (20 – 25 Minuten), dann aber auch mal längere Hausbesuche von bis zu anderthalb Stunden nötig sein, bei besonderen Vorhaben jedoch auch länger.

Die Einschätzung und Bewertung verlangt letztlich ein flexibles Abwägen: Einerseits bedarf es der strukturierten Organisation des Terminplans, andererseits steht die geschmeidige und flexible Anpassung an die jeweilige Situation, an die Befindlichkeit der Betroffenen und an die Herausforderungen, die sich aus dem Einzelfall ergeben, im Blickpunkt einer notwendigen Kompromissbildung zwischen situativer Veränderung und der Einhaltung einer strukturierten Offenheit.

Die Dauer und Frequenz mit ihrer hohen Unbestimmtheit sind keinesfalls Defizite in der aufsuchenden Arbeit, sondern gehören zu den besonderen Leistungen und tragen der notwendigen Flexibilität Rechnung. Dies macht ihre eigene Professionalität aus. Ein einseitig an Konzepten, Theorien und Methoden ausgerichtetes Herangehen würde zwangsläufig zur Selektion der sogenannten leichten von den schweren Fällen führen.

In unserer Arbeit kommt es also darauf an, langjährige Erfahrungen und entsprechende Kompetenzen teamorientiert, (selbst-)reflexiv und kritisch in der Offenheit für Neues mit der entsprechenden Haltung wirksam werden zu lassen. Die professionelle Kunst besteht in der (gemeinsamen) konstruktiven Gestaltung der Spannung von

Kontinuität, konstruktiver Routine und gleichzeitiger Integration von Neuem und Unvorhergesehenem. Ein Vorgehen, das den Bedürfnissen angepasst ist, erfordert eine Flexibilisierung der Hilfen, damit die individuell benötigten Ressourcen auch vorgehalten werden können.

Je nach Ausstattung des Sozialpsychiatrischen Dienstes, der Hilfebedarfsgruppen im Betreuten Wohnen, der möglichen Fachleistungsstunden und / oder der durch die Krankenkasse finanzierten Behandlungs- und Pflegeeinsätze kann auch die zur Verfügung stehende Zeit unterschiedlich sein. Idealerweise sollte der individuelle Bedarf das entscheidende Kriterium und sollten die verschiedenen sozialpsychiatrischen Hilfen je nachdem abrufbar sein. Die Realität sieht jedoch häufig anders aus, sodass nicht immer allein die Fachlichkeit der ausschlaggebende Grund für die Länge und Häufigkeit der Hausbesuche ist. Die Differenz zwischen Anspruch und Wirklichkeit, zwischen fachlich gebotener Hilfe und mangelnden Ressourcen muss bewältigt werden, wenn es auch ein schwieriges Unterfangen bedeutet. Um angemessen und konstruktiv mit Resignation und Rückzug umzugehen, wenn fehlende Ressourcen und fachliche Notwendigkeiten nicht in Einklang zu bringen sind, ist die kritisch solidarische Reflexion im Team unabdingbar. > Teamarbeit, Seiten 133, 141 ff.

Die Arbeit mit dem Umfeld

Umgang mit Menschen aus dem Wohnumfeld

Der Kontakt mit dem sozialen Umfeld gehört zum Alltag in der sozialpsychiatrischen Arbeit. Häufig melden sich zunächst Nachbarn oder Angehörige und nicht die Klienten selbst und bitten um eine Kontaktaufnahme mit der erkrankten Person. Sie sind mitunter beim Erstgespräch wichtige Türöffner, ohne sie käme kein Kontakt zum Dienst zustande und nicht selten sind sie beim ersten Kontakt sogar während des Gesprächs anwesend.

Finden im Rahmen einer längerfristigen Begleitung Gespräche mit Angehörigen oder Personen des sozialen Umfelds wie Vermieter, Hausverwalter oder Nachbarn statt, sollten sie gründlich geplant werden. Schon vor dem Hausbesuch kann besprochen werden, wie die Begegnung sinnvoll gestaltet werden soll. Es wird abgeklärt, welche Themen berührt und welche außen vor gelassen werden. Mit dem Klienten selbst kann schon thematisiert werden, wie sich der Mitarbeiter vorstellen soll, um der Gefahr von Indiskretion und Stigmatisierung vorzubeugen.

In akuten Krisen und sich spontan ergebenden Kontakten mit dem Umfeld brauchen die Mitarbeiterinnen und Mitarbeiter die Fähigkeit, flexibel zu reagieren. Sie stehen vor der Aufgabe, das soziale Umfeld nicht unnötig zu verprellen. Mitunter braucht es die Nachbarn, um dringend notwendige Hilfen zu ermöglichen. Die Helfer müssen sich jedoch auch an die Regelungen der Schweigepflicht halten und dafür sorgen, dass der Klient durch das Bekanntwerden einer Erkrankung keine Nachteile erfährt oder diskriminiert wird.

Als generelle Vorbereitung für Hausbesuche ist es sinnvoll, sich zuvor anhand typisch wiederkehrender Situationen mögliche Begegnungen und eventuelle eigene Reaktionen in Gedanken oder sogar im Gespräch mit anderen Teammitgliedern durchzuspielen. Auf diese Weise wird es möglich, sich ein gewisses Repertoire an Reaktionen zu erarbeiten. Die ganze Fülle an Szenarien lässt sich damit jedoch nicht abdecken, denn dafür ist der sozialpsychiatrische Alltag zu vielfältig. Trotz sorgfältiger Vorbereitung muss mit Überraschungen und der Notwendigkeit, sich kreativ an die vorliegende Situation anzupassen, gerechnet werden. > Unvorhergesehenes, Seiten 58, 111

Hausverwalter und Nachbarn als Türöffner

Die Hintergründe von Menschen des Umfelds, sich bei einem Sozialpsychiatrischen Dienst oder anderen Beratungsstellen zu melden, sind häufig Störungen der Hausgemeinschaft durch Lärm oder durch Geruch aus der Wohnung. Vermieter melden sich, wenn sie sich Sorgen um ihr Eigentum machen und wenn die Miete nicht bezahlt wird. Familien mit Kindern rufen an und äußern die Angst, dass durch das auffällige Verhalten die Kinder gefährdet sein könnten.

Das soziale Umfeld meldet sich jedoch nicht nur, weil es sich selbst gestört fühlt und mitbetroffen ist. Oft gleichzeitig mit dem Vorbringen von Klagen über störendes Verhalten und der Bitte, dies durch entsprechende Maßnahmen abzustellen, werden auch Sorgen um das Wohl der vermutlich erkrankten Person vorgetragen. Menschen aus dem sozialen Umfeld, bei denen im Gespräch oder Telefonat auch Fürsorge erkennbar ist, können wichtige Türöffner beim ersten Hausbesuch sein. Die Frage, welche Themen gemeinsam besprochen werden sollten und welchen Schutz das Beratungsgespräch zu dritt benötigt, wird am besten bereits ganz zu Beginn des ersten Besuchs angesprochen.

BEISPIEL

Frau Kaiser ist 53 Jahre alt und lebt seit vielen Jahren in einem Wohnheim für vorrangig junge Frauen. Sie hat Kunstgeschichte studiert und war mit einem Geschichtsprofessor, der früh verstorben ist, verheiratet. Inzwischen lebt sie von einer bescheidenen Witwenrente. Sie erkrankte kurz nach dem Tod ihres Mannes und erhielt die Diagnose einer paranoid-halluzinatorischen Psychose. Zunächst konnte sie nach der Ersterkrankung noch drei Jahre in ihrem Beruf arbeiten, dann zehn Jahre in einer geschützten Werkstatt für behinderte Menschen. Seit fünf Jahren arbeitet sie nicht mehr und lebt sehr zurückgezogen.

Die Hausleitung meldet sich beim Dienst und bittet um Kontaktaufnahme, und zwar mit der Frage, ob das Wohnheim der richtige Ort für Frau Kaiser ist. Frau Kaiser, die als sehr höflich beschrieben wird, würde nur für Einkäufe noch aus dem Haus gehen und hätte ansonsten ausschließlich telefonischen Kontakt zu früheren Freundinnen. Vereinbarte Termine würde sie immer wieder absagen, weil es ihr nicht gut ginge. Aus dem Zimmer würde ein sehr schlechter Geruch strömen, weil sie wenig lüfte, es sei zwar nicht vermüllt, aber sehr unordentlich. Die Hausleitung berichtet, dass Versuche, eine Putzfrau für Frau Kaiser zu organisieren, bislang an den mangelnden finanziellen Ressourcen gescheitert wären.

Da die Hausleitung von einem grundsätzlich guten Verhältnis zu Frau Kaiser berichtet, eine Einladung in den Dienst vermutlich zu hochschwellig ist, wird vereinbart, dass das erste Gespräch mit ihr in einem kleinen Besuchszimmer des Wohnheims stattfinden kann, sofern Frau Kaiser damit einverstanden ist. Die Hausleiterin will zumindest am Anfang des Erstkontakts mit dabei sein und erläutern, wie es zur Idee kam, den Sozialpsychiatrischen Dienst einzuschalten.

Am Anfang des ersten Besuchs teilt die Mitarbeiterin des Dienstes Frau Kaiser mit, dass sie jederzeit den Wunsch äußern könne, dass die Hausleitung den Raum verlassen solle und das Gespräch dann zu zweit fortgeführt werde. Frau Kaiser entschließt sich jedoch dazu, beim ersten Termin zu dritt zu sprechen. Sie hört sich die Sorgen und Beobachtungen der Hausleitung bereitwillig an, betont, wie wichtig ihr das gute Einvernehmen mit der Hausleitung sei und wie sehr sie sich im Haus wohlfühle.

Am Ende des Gesprächs wird vereinbart, dass Telefonate und Gespräche mit der Hausleitung grundsätzlich mit Frau Kaiser vorbesprochen werden und dass dabei nur Inhalte zur Sprache kommen, die auch das Haus betreffen. Die weiteren Gespräche mit ihr finden ebenfalls im Besuchszimmer, jedoch nur zu zweit statt. Bei Bedarf kommt die Hausleitung mit Einverständnis von Frau Kaiser zum Gespräch hinzu. Über die Pflegeversicherung kann eine wöchentliche Haushaltshilfe organisiert werden. Dadurch entspannt sich die Situation im Haus deutlich.

Die Mitarbeiterin stand vor der Aufgabe, Frau Kaiser einen geschützten Rahmen für Gespräche zu ermöglichen, in dem sie über nicht verarbeitete biografische Ereignisse sprechen konnte, und zwar mit der Sicherheit, dass diese Themen durch die Schweigepflicht geschützt sind. Gleichzeitig muss für die entstandenen Konflikte mit der Hausverwaltung eine für alle Seiten erträgliche Lösung gefunden werden. Nur so kann der Wohnraum langfristig gesichert werden. Dies kann oftmals nur durch ein offenes Gespräch mit allen Beteiligten, bei dem strittige Themen auf den Tisch kommen und die Mitarbeiter vermittelnd tätig sind, erreicht werden. Eine solche Gemengelage ist typisch für sozialpsychiatrisches Arbeiten und fordert von den Mitarbeiterinnen und Mitarbeitern eine gute Sortierung der Themen und Gesprächsinhalte – am besten gemeinsam mit den Klientinnen und dem sozialen Umfeld.

Der Umgang mit der Schweigepflicht

Grundsätzlich gilt für Mitarbeitende der sozialpsychiatrischen Hilfen gegenüber Nachbarn, Vermietern und sonstigen Personen des sozialen Umfelds die Schweigepflicht. Alle Ausnahmen müssen mit den Klientinnen und Klienten im Vorfeld abgesprochen werden. Die seit dem 25. Mai 2018 geltende europaweite Datenschutzverordnung (DSGVO) verstärkt und unterstreicht eindeutig die sorgfältige Wahrung und Umsetzung des Datenschutzes und der Schweigepflicht.

Liegt keine schriftliche Schweigepflichtsentbindung vor, so ist es wichtig und sinnvoll, mündliche Absprachen in einer Aktennotiz festzuhalten. Sind Klienten zu gemeinsamen Terminen mit Vermietern und Hausverwaltern bereit, so kann von einer zumindest partiellen Schweigepflichtsentbindung ausgegangen werden. »Bei gemeinsamen Gesprächen ist im Gegensatz zur ausdrücklichen Einwilligung von einer konkludenten Einwilligung (also Entbindung von der Schweigepflicht) auszugehen. Dies trifft unter anderem auf folgende Situationen zu: wenn die Betroffenen medizinische Fragen von sich aus in Anwesenheit Dritter besprechen, ein Familiengespräch wünschen oder um Information von Angehörigen durch die Ärztin oder den Arzt bitten. Welche Informationen genau weitergegeben werden dürfen, kann zeitlich oder sachlich begrenzt sein. Die Schweigepflicht kann jederzeit ganz oder teilweise widerrufen werden« (Bull & Poppe 2015, S. 206). Diese Regelung macht es unter Umständen erforderlich, dass wir uns dem sozialen Umfeld gegenüber »bedeckt halten«.

Eine wichtige Bedeutung beim Hausbesuch kommt also dem diskreten und unauffälligen Zugang zu. Im Hinblick auf die Entstehung eines Kontakts und die Beziehungsgestaltung sowie zum Schutz der Privatsphäre und des Datenschutzes ist es absolut nötig, unauffällig aufzutreten. So sollte zum Beispiel auf Dienstwagen mit der Aufschrift »Sozialpsychiatrie« oder Ähnliches verzichtet werden. Alles, was auf einen behördlichen Hintergrund hinweisen könnte, sollte vermieden werden.

Wenn Nachbarn neugieriger und insistierender nachfragen, reicht es aus, ausweichend zu antworten. Wir müssen unter Umständen auch zu »Notlügen« greifen. Der Ausdruck: »Ich bin eine gute Bekannte von Frau Dorian und kenne sie seit Jahren«, vermeidet eine Lüge und ist dennoch mit dem Wahren der Schweigepflicht vereinbar.

Konflikte mit Nachbarn und Unzufriedenheiten der Vermieter mit der Wohnungsreinigung und -gestaltung beinhalten für die Klienten ein enormes Stresspotenzial. Oftmals ist es für Mitarbeiter nötig und auch möglich, durch vermittelndes Dabeisein und durch Gespräche zu dritt deeskalierend zu wirken. Die Entschärfung von Konflikten mit dem Umfeld dient direkt der Entlastung und Stabilisierung, krisenhafte Zuspitzungen können so vermieden werden. Unter Umständen kann nur so auch langfristig die Wohnung erhalten werden. Es benötigt jedoch viel Fingerspitzengefühl, bei diesen Angelegenheiten gleichzeitig die Grenzen zu wahren und allzu neugierige Fragen anderer geschickt abzuwehren.

Hausverwalter und Vermieter sind oft erleichtert, eine Ansprechperson zu haben, die hilft. Transparenz und genaue Absprachen mit dem Klienten auch darüber, welche Informationen weitergegeben werden dürfen und welche nicht, sind jedoch zum Schutz des Vertrauensverhältnisses sehr wichtig. Vor allzu großer Neugierde in Bezug auf Diagnosen und Lebensgeschichten muss sich der Mitarbeiter mit dem Hinweis auf die Schweigepflicht abgrenzen.

KRISENSITUATIONEN Ausgenommen von der zuvor bereits beschriebenen Schweigepflichtsregelung sind Krisensituationen, bei denen eine Fremd- oder Selbstgefährdung vorliegt. Wie bereits erwähnt, hat die Abwendung der Gefährdung stets Vorrang. Hier greift der »rechtfertigende Notstand« (Strafgesetzbuch § 34).

Tür-und-Angel-Gespräche im Treppenhaus, bei denen auch andere Nachbarn mithören können, lassen sich in Krisenzeiten nicht völlig vermeiden. Wichtig ist es dennoch, sich bewusst zu bleiben, wie wenig geschützt dieser Raum ist. Um die Klienten zu schützen, ist es deshalb sinnvoll, bei den eigenen Angaben möglichst allgemein zu bleiben. Im Fall von Frau Bauer sprach die Mitarbeiterin ganz allgemein von einer ernsten Krise, bei der dringend eine ärztliche Behandlung notwendig sei.

Die Tatsache, dass jemand vom Sozialpsychiatrischen Dienst kommt, kann zusätzlich alarmierend auf die Nachbarschaft wirken. Das Wissen, es kümmert sich jemand und es existiert eine Ansprechperson, an die sich jemand im Notfall wenden kann, ist jedoch gleichzeitig sehr entlastend. In einer ernsthaften Krisensituation ist deshalb vom Mitarbeiter abzuwägen, welche Momente im Vordergrund stehen und wie die Aspekte Schutz vor Stigmatisierung sowie Entlastung und Einbeziehen des Umfelds im Erschließen notwendiger Hilfen ausbalanciert werden können.

Was ist zu tun, wenn keine Gefährdung ersichtlich ist, der Klient trotz mehrmaligem Klingeln nicht öffnet, auf unser Klopfen und Rufen niemand reagiert, allerdings die Nachbarn neugierig nachfragen. In diesem Fall halten wir uns eher bedeckt und geben nur bekannt, dass wir ein anderes Mal wiederkommen werden. Bewährt hat es sich, dem Klienten eine kurze Notiz oder einen bereits vorbereiteten Brief dazulassen und an einem der nächsten Tage wiederzukommen.

Umgang mit Angehörigen

Psychische Erkrankungen haben immer auch Auswirkungen aufs gesamte Familiensystem. Sie prägen und bestimmen das System wesentlich mit. Die Arbeit mit Angehörigen gehört deshalb unverzichtbar zum sozialpsychiatrischen Handeln dazu (Scherer & Lampert 2017). Bei Hausbesuchen gehört es fast schon als Selbstverständlichkeit dazu, dass oftmals Familienmitglieder mit anwesend sind. Dieser Umstand wird von daher schneller und unmittelbarer deutlich als bei Einzelgesprächen in der Beratungsstelle.

BEISPIEL

Herr Kajuk kommt regelmäßig zum Gespräch in den Sozialpsychiatrischen Dienst. Er leidet an einer affektiven Erkrankung und einer Traumafolgestörung. Hintergrund sind Kriegs- und Foltererlebnisse in seinem Heimatland. Bei einem Beratungsgespräch im Dienst bittet er um einen Hausbesuch und ein Gespräch mit der Ehefrau: Diese würde gerne einmal mit dem zuständigen Mitarbeiter sprechen, verlasse jedoch nur zum Einkaufen und zum Sprachkurs das Haus, ein Hausbesuch hingegen wäre ihr lieb. Herr Kajuk berichtet, dass seine Familie unter seinen Symptomen leiden würde, er und seine Frau würden sich Sorgen um die zwölfjährige Tochter machen. Er möchte, dass der Mitarbeiter der Familie erklärt, wie es zu den seltsamen Verhaltensweisen komme.

Ihm fällt es sichtlich schwer, genauer zu beschreiben, wie diese »seltsamen« Verhaltensweisen denn aussehen. Er würde dann in der Wohnung auf und ab gehen, erzählt er, wäre nicht ansprechbar, wenn es sehr schlimm wäre, und würde sich selbst ins Gesicht schlagen. Immer wieder betont er, wie sehr er selbst unter den Verhaltensweisen leide, er könne sie jedoch im Moment nicht abstellen.

Für den Besuch wird ein Zeitpunkt gewählt, zu dem die Kinder in der Schule sind. Frau Kajuk zeigt Verständnis für die Erkrankung ihres Mannes und meint, in ihrer Heimat würden viele Menschen unter den Folgen von Traumatisierungen leiden. Sorgen mache sie sich um ihre Tochter, sie traue sich nicht, Freundinnen mit

nach Hause zu bringen, empfinde das Verhalten des Vaters als peinlich und störend.
Frau Kajuk weiß um die schrecklichen Erlebnisse ihres Mannes. Die beiden Eltern bemühen sich, die Kinder möglichst wenig mit den Ereignissen in der Heimat zu belasten. Sie möchten ihren Kindern keine Details erzählen, das halten sie für zu schrecklich und für überfordernd. Beide können sich jedoch vorstellen, mit den Kindern in einer allgemeineren Weise über die Wirkung solcher Erlebnisse und Traumata zu sprechen und sie mithilfe kindgerechter Broschüren aufzuklären.
Bei zwei weiteren Hausbesuchen finden Gespräche mit den beiden Kindern zu den Themen »Erkrankung« und »Traumatisierung« statt. Beide Kinder sprechen offen über Belastungen und Wünsche in Bezug auf die Erkrankung des Vaters. Für diesen ist das Gespräch über die krankheitsbedingt schwierigen und störenden Verhaltensweisen sichtlich nicht einfach, den Kindern zuliebe ist er jedoch bereit, nach Lösungen für die von den Kindern vorgebrachten Probleme und Wünsche zu suchen. Er bietet von sich aus Veränderungsvorschläge an: Er kann sich vorstellen, sich nochmals auf eine stationäre Traumatherapie einzulassen. Solange seine Symptome anhalten, will er aus dem Wohnzimmer, eventuell auch aus der Wohnung gehen, sobald sich schwierige Erinnerungen aufdrängen. Wenn die Freundin der Tochter zu Besuch ist, will er künftig das Haus verlassen.
Die Familie kann sich vorstellen, bei Bedarf wieder zu einem Gespräch zu Hause zusammenzukommen. Weitere Hilfeangebote, wie ein Gespräch in einer Beratungsstelle, eine ehrenamtliche Patenschaft für den jüngeren Sohn oder ein Gruppenangebot für die Tochter kann sich die Familie im Moment nicht vorstellen. Sie will jedoch gerne bei Bedarf darauf zurückkommen.

Häufig finden Angehörigenberatungen in den Räumlichkeiten der Beratungsstelle statt. Der Abstand vom Alltag erlaubt es unter Umständen eher, sich komplexen Themen wie Einfluss der Erkrankung auf die Angehörigen, Belastungen und Informationsbedarf konzentriert zu widmen.

Psychische Erkrankungen haben stets Auswirkungen auf das gesamte Familiensystem, deshalb gehört die Beratung der Angehörigen als fester Bestandteil zu unserer Arbeit dazu. Mehr und mehr werden auch die Kinder als Angehörige wahrgenommen und wird auch mit ihnen über die Erkrankung der Eltern und den damit zusammenhängenden Belastungen und Wünsche gesprochen.

Angehörigenberatungen zu Hause ergeben sich häufiger, wenn Kinder mit im Haushalt leben. Das hat zum einen ganz praktische Gründe: Für Eltern ist es schwerer und umständlicher, Termine außer Haus wahrzunehmen. Das gilt besonders, wenn Kinder unterschiedlichsten Alters und in verschiedenen Betreuungskontexten zu versorgen sind. Auch fühlen sich die Kinder selbst oft sicherer in der gewohnten Umgebung und können sich dann eher äußern.

Ein weiterer praktischer Grund kann hinzukommen: Der Berater möchte sich gerne ein Bild von der häuslichen Situation machen. Er kann so eventuell besser einschätzen, welchen Belastungen die Kinder insgesamt ausgesetzt sind, um dann herauszufinden, ob die Inanspruchnahme weiterer Hilfeangebote für Eltern und Kinder ratsam ist.

Neben diesen eher praktischen Erwägungen spielt die Erfahrung eine große Rolle, dass Angehörige mit Kindern über Hausbesuche besser erreicht werden und Termine zuverlässiger stattfinden können. Angehörige mit Kindern sind zwar durch die Erkrankung eines Elternteils oft hoch belastet, setzen sich jedoch gleichzeitig auch stark unter Druck, »normal« funktionieren zu müssen. Sie wollen nach außen nicht auffallen, schämen sich für die Erkrankung und befürchten – oft zu Recht – eine Stigmatisierung der Familie, wenn sie Hilfe in Anspruch nehmen und die Erkrankung nach außen bekannt wird.

Manche Angehörige schätzen zwar die Person des Beraters, weil sie im Alltag viel Unterstützung bedeutet, möchten jedoch insgesamt zu Institutionen der Psychiatrie und/oder zu Institutionen der Jugendhilfe Abstand halten. > Kinderschutz, Seiten 79, 112 ff.

Aus diesem Grund sind geplante Angehörigenberatungen beim Hausbesuch oft verbunden mit einer gewissen Skepsis und Ambivalenz gegenüber Hilfeangeboten. Mitarbeiter sind gefordert, dies im Kontakt zu berücksichtigen und gegebenenfalls anzusprechen. Es ist ratsam, Verständnis dafür auszudrücken, dass es manchmal Überwindung kostet, Hilfe anzunehmen, und dass es nicht selbstverständlich ist, sich zu öffnen und vertraut mit Fremden über heikle Familienthemen zu sprechen. Es hat sich bewährt, sich am Ende eines Gesprächs ausdrücklich für das entgegengebrachte Vertrauen zu bedanken.

UNGEPLANTE BEGEGNUNGEN Zum Alltag der Hausbesuchspraxis gehören Gespräche und Beratungen mit Angehörigen, die sich ungeplant und aus der Situation heraus ergeben.

BEISPIEL

Frau Donna hat drei erwachsene Kinder, die alle außerhalb der elterlichen Wohnung leben. Sie leidet an einer affektiven Störung und lebt sehr zurückgezogen, hat auch einen Suizidversuch hinter sich. Sie hat durch körperliche Einschränkungen und Schmerzen Schwierigkeiten, aus dem Haus zu gehen, und wird meist zu Hause besucht. Bei einem der regelmäßig stattfindenden Besuche kommt die Tochter hereingeschneit. Beraterin und Klientin sind gerade dabei, am Küchentisch einen Antrag auf Erwerbsminderungsrente auszufüllen.

Die Tochter lebt in Hamburg und ist zu Besuch bei der Mutter. Sie setzt sich mit an den Tisch und spricht an, dass sie froh sei, die

Beraterin persönlich kennenzulernen und dass sie sich nach dem letzten Klinikaufenthalt große Sorgen um die Mutter mache. Die Beraterin fragt zunächst bei der Klientin nach, ob es in Ordnung wäre, das Ausfüllen der Formulare zu unterbrechen und ob ihr das Gespräch zu dritt recht wäre. Das bejaht Frau Donna.
Die Tochter schildert, dass sie täglich mehrmals mit der Mutter telefoniere und sehr schlecht abschalten könne. Sie meint, der Suizidversuch der Mutter wäre ein richtiger Schock für sie gewesen. Die Mutter bedauert ausdrücklich, dass sie ihrer Tochter so großen Kummer bereitet hätte, alle überlegen gemeinsam, wie die Mutter sich verhalten und wie ihre Tochter wieder mehr Sicherheit gewinnen und mit ihren Ängsten und Sorgen umgehen kann.
Die Tochter meint, sie wäre sehr verwickelt in der Beziehung zur Mutter und würde vielleicht am besten selbst in Hamburg Beratung in Anspruch nehmen. Sie brauche auch manchmal Abstand, etwas, wofür die Mutter ausdrücklich Verständnis äußert.

Situationen wie diese kommen in der sozialpsychiatrischen Praxis relativ häufig vor. Der Berater ist bei Hausbesuchen viel stärker als in den Diensträumen gefordert, sich spontan auf neue Themen und Gesichter einzulassen. Er ist auch eher in Gefahr, bestürmt und überrumpelt zu werden. Angehörige haben unter Umständen sehr wichtige Fragen zur Erkrankung der Eltern, Partner oder Kinder und tragen Belastungen vor, die im Zusammenhang mit der Erkrankung stehen.

Gemeinsam muss dann überlegt werden, ob eine umgehende Beratung sinnvoll ist oder ein gesonderter Termin in der Beratungsstelle oder auch zu Hause vereinbart werden sollte. Der Hinweis, dass wir das Anliegen ernst nehmen, jedoch sorgfältig und mit genügend Zeit darauf eingehen möchten, ist hier oft nützlich.

Es ist oft sehr gewinnbringend für alle Beteiligten, gemeinsame Gespräche zu führen, jedoch kann es auch sinnvoll sein, dass die Angehörigenberatung von einer anderen Kollegin übernommen wird. Dies trifft vor allem dann zu, wenn es darum geht, dass die Angehörigen zunächst auch eigene Bedürfnisse überhaupt erst mal bei sich wahrnehmen.

Nicht selten kommt es vor, dass der Hausbesuch vom Umfeld genutzt wird, um eigene sozialanwaltliche Belange anzusprechen, immer wieder werden auch schwerwiegende eigene Lebensthemen eingebracht. Diesen Wünschen begegnen wir am besten mit dem Weitergeben nützlicher Adressen und bitten dann konsequent, sich dorthin zu wenden, wenn dies über eine Angehörigenberatung hinausgeht. Gehört der Angehörige ebenfalls zum Personenkreis der sozialpsychiatrischen Hilfen und somit in die Zuständigkeit, wird überlegt, ob es ratsam ist, dass dieselbe Mitarbeiterin als Ansprechpartnerin dient, oder ob die Zuständigkeit eine andere Kollegin übernehmen sollte.

BEISPIEL

Die Anfrage kommt über die Diakonische Bezirksstelle. Ein älterer Herr, nach Suizidversuch aufgrund einer depressiven Erkrankung, soll Unterstützung erhalten. Ein Termin in der Beratungsstelle ist nicht möglich, da er den Weg nicht schafft. Beim Erstbesuch ist die Ehefrau anwesend. Sie redet viel über ihre eigene Problematik und dass sie sich Paargespräche wünsche. Über ihren Ehemann äußert sie sich sehr abfällig. Dieser nimmt dies gelassen auf. Es entsteht der Eindruck, dass er dies schon gut kennt. Nach seinen Wünschen befragt, meint er, dass er Gespräche für sich allein möchte, auf keinen Fall Paargespräche.

Es wird verabredet, dass der nächste Termin mit Herrn Frankert allein stattfinden soll. Frau Frankert will dann zum Besuch der Freundin außer Haus gehen.

Zweimal klappt dies gut. Herr Frankert erzählt viel von seinem sehr wechselhaften Leben, anfänglich allerdings eher stockend und nach Worten suchend. Er meint, dass sonst immer seine Frau reden würde und er kaum zu Wort komme. Den Raum kann er gut für sich nutzen und erzählt auch, dass sich die Beziehung zu seiner Frau seit den Gesprächen etwas entspannt hätte.

Beim dritten Mal erscheint Frau Frankert mitten im Gespräch und meint, dass sie auch ihre Sicht der Dinge beitragen wolle. Ihr Mann würde ja nur lügen und die Dinge falsch darstellen. Der Versuch der Mitarbeiterin, ihr deutlich zu machen, dass es nicht darum ging, die »Wahrheit« herauszufinden und diese zu bewerten, zumal ihre Sicht der Dinge genauso wahr und wichtig sei wie seine, kommt nicht an und sie beharrt darauf, an den Gesprächen teilzunehmen.

Herr Frankert bleibt jedoch bei seinem Wunsch, die Gespräche allein für sich nutzen zu wollen. Die Mitarbeiterin bietet Frau Frankert an, dass sie bei einer Kollegin Gespräche wahrnehmen könne, um mit ihr über ihre eigene Situation zu reden. Sie nimmt das Angebot an, wodurch sich die Situation weiter entspannt.

Bei Hausbesuchen ist der Mitarbeiter in besonderer Weise immer wieder gefordert, seinen Auftrag mit dem Klienten neu auszuhandeln und zu überlegen, welche Themen jeweils Vorrang haben und was auf einen anderen Zeitpunkt verschoben werden muss. Unvorhergesehene Gesprächsteilnehmer, Aufträge und Konfliktfelder erfordern immer wieder die Klärung, wie damit umzugehen ist, welche Aufträge angenommen werden und welche nicht zum Aufgabenbereich gehören. Diese gilt es freundlich abzugrenzen und auf andere Angebote hinzuweisen. Hier kommen auch stark kulturelle Unterschiede im Verständnis und Umgang mit Familien zum Tragen. > Kultursensibler Umgang, Seiten 119 ff.

Hausbesuch und Kinderschutz

Die komplexen Problemlagen von Familien erfordern eine gute Kooperation der beiden Hilfesysteme Jugendhilfe und Erwachsenenpsychiatrie. Das Recht psychisch kranker Eltern auf Elternschaft und das Recht des Kindes auf eine kindgemäße Entfaltung und Entwicklung müssen im Blick beider Institutionen liegen. Wirksamer Schutz der Kinder unter gleichzeitiger Berücksichtigung der Interessen der Eltern setzen eine gute Kooperationsstruktur und die Vernetzung der Hilfen voraus.

Es gilt, die Hilfe so zu gestalten, dass Eltern mit psychischen Erkrankungen gut erreicht und ausreichend unterstützt werden können. Hausbesuche dienen in erster Linie dazu, auch Eltern, die zumindest anfangs nicht von selbst den Weg zu einem Hilfeangebot finden, zur Annahme von Unterstützungsangeboten zu motivieren. Das Hinzuziehen anderer Dienste geschieht im Normalfall in Absprache und mit Einverständnis der Eltern. Weigern sich Eltern, ein Hilfeangebot anzunehmen, und vermutet der Mitarbeiter, dass das Kindeswohl gefährdet sein könnte, so hat er die Möglichkeit, sich anonym durch eine insoweit erfahrene Fachkraft (also eine geschulte Fachkraft für Kinderschutzfragen) bei seinem Träger beraten zu lassen. Der Mitarbeiter kann sich auch direkt an das zuständige Jugendamt wenden und um eine anonyme Beratung mit entsprechender Überprüfung bitten.

TRANSPARENZ Bestätigt sich bei dieser anonymen Beratung der Verdacht, dass eine Kindeswohlgefährdung wahrscheinlich ist, so ist der Mitarbeiter befugt und verpflichtet, das Jugendamt einzuschalten. In der Regel gilt es nun, den Eltern diesen Schritt transparent zu machen und auf die Verpflichtung zur Zusammenarbeit mit dem Jugendamt im Falle einer Kindeswohlgefährdung hinzuweisen.

Im SGBVIII § 8a Abs. 5 (Schutzauftrag bei Kindeswohlgefährdung) ist die Aufgabe des Jugendamtes beschrieben: »Werden einem örtlichen Träger gewichtige Anhaltspunkte für die Gefährdung des Wohles eines Kindes oder eines Jugendlichen bekannt, so sind dem für die Gewährung der Leistungen zuständigen örtlichen Träger die Daten mitzuteilen, deren Kenntnis zur Wahrnehmung des Schutzauftrages bei Kindeswohlgefährdung nach § 8a erforderlich ist. Die Mitteilung soll im Rahmen eines Gespräches zwischen den Fachkräften der beiden örtlichen Träger erfolgen, an dem die Personenberechtigten sowie das Kind oder der Jugendliche beteiligt werden sollten, soweit hierdurch der wirksame Schutz des Kindes oder des Jugendlichen nicht in Frage gestellt wird.«

Bei bestehenden Kontakten und auch neuen Anfragen, in denen das Thema des Kindeswohls virulent wird, ist meist ein Hausbesuch unverzichtbar, um fundiert einschätzen zu können, ob tatsächlich eine Gefährdung vorliegt.

BEISPIEL

Frau Zusa leidet seit vielen Jahren an einer bipolaren Störung, die mit Lithium behandelt wird. Sie ist langjährig beim Sozialpsychiatrischen Dienst bekannt und kommt in der Regel bei Gesprächsbedarf zu Terminen in den Dienst. Da sie von allen bisher als sehr zuverlässig erlebt wurde, ist der Mitarbeiter alarmiert, als sie zwei Termine hintereinander nicht wie vereinbart wahrnimmt, und ruft sie an. Sie meint am Telefon, es ginge ihr sehr gut, sie sei schwanger und habe zum Schutz des Kindes ihre Medikation abgesetzt. Auf Rückfrage, was ihre Ärztin dazu meine, schildert sie, dass sie im Moment auch zu ihr keinen Kontakt benötige, es ginge ihr sehr gut. Auch in die Beratungsstelle wolle sie zurzeit nicht kommen. Auf die Frage, ob sie zu Hause besucht werden möchte, meint sie, es wäre zwar vollständig überflüssig, sie hätte jedoch nichts dagegen.

Beim Hausbesuch stellt sich heraus, dass die Wohnung in einem deutlich verwahrlosten Zustand ist. Frau Zusa wirkt angetrieben, sie meint, für das Ordnen der Wohnung hätte sie gerade keine Zeit. Auch Arztbesuche wegen der Schwangerschaft findet sie nicht so wichtig. Der Mitarbeiter schildert, dass er sich große Sorgen mache und gerne mit der Ärztin telefonieren möchte. Damit ist Frau Zusa einverstanden. Die Ärztin hält eine medikamentöse Behandlung für dringend erforderlich.

Beim Gespräch im Team wird zurückgemeldet, dass eine Meldung beim Jugendamt nötig wird, wenn Frau Zusa keine Hilfe annimmt. Als der Mitarbeiter Frau Zusa beim nächsten Hausbesuch entsprechend informiert, ist sie nach etlichen Einwänden bereit, in seiner Begleitung zur Ärztin zu gehen und stimmt auch einem Gespräch mit dem Jugendamt zu.

Fallsituationen, bei denen wir das Jugendamt gegen den Willen der betroffenen Eltern einschalten, sind eher selten. Häufig ist die Familie dort auch schon bekannt oder Kliniksozialarbeiter informieren gleichzeitig das Jugendamt und den Sozialpsychiatrischen Dienst. Das ermöglicht beim Verdacht auf Kindeswohlgefährdung, dass beide Seiten gleichzeitig Unterstützung bieten können.

BEISPIEL

Der Kliniksozialdienst und der Mitarbeiter des Jugendamtes melden sich fast zeitgleich und bitten um Kontaktaufnahme mit der Familie Rinaldo. Herr Rinaldo ist im psychotischen Schub seiner Lebensgefährtin gegenüber gewalttätig geworden. Der Vater von Herrn Rinaldo hat rasch die Polizei eingeschaltet und so Schlimmeres verhindert. Diese hat Herrn Rinaldo in die psychiatrische Klinik gebracht. Im Krankenhaus ist er mit Psychopharmaka behandelt worden und kann sich inzwischen von seinem Eifersuchtswahn der Lebensgefährtin gegenüber distanzieren. Er hat mit seiner Lebensgefährtin ein gemeinsames, elf Monate altes Kind. Je ein Mitarbeiter des Jugendamtes und des Sozialpsychiatrischen Dienstes vereinbaren einen gemeinsamen Hausbesuch bei der Familie.

Der Vater von Herrn Rinaldo, Herr Rinaldo selbst, seine Lebensgefährtin (Frau Zeta) und die kleine Maria sind beim Hausbesuch anwesend. Alle leben sehr beengt in einer viel zu kleinen Zweizimmerwohnung. Herr Rinaldo Senior hatte das Paar mit Kind aufgenommen, da die kleine Familie auf dem angespannten Wohnungsmarkt keine Wohnung fand. Als die beiden Mitarbeiter ankommen, spielt der erkrankte Vater gerade mit seiner kleinen Tochter, der Kontakt des Vaters zum Kind erscheint herzlich. Nach einem längeren Vorgespräch äußert Frau Zeta, dass sie sich nur dann eine Fortführung der Partnerschaft vorstellen könne, wenn Herr Rinaldo bereit sei, regelmäßig Medikamente zu nehmen. Nach ihrer Beobachtung ist er dann insgesamt ruhiger und ihr gegenüber freundlich. Zur Tochter sei er immer freundlich, auch in sehr schlechten Phasen.

Herr Rinaldo meint nun, er habe die Medikamente nur abgesetzt, weil er unbedingt arbeiten wolle. Die Medikamente würden ihn zu müde machen. Die Familie bräuchte dringend eine neue Wohnung und dies sei nur über Arbeit möglich. Wenn es Medikamente gäbe, die mit seinem Wunsch nach Arbeit vereinbar wären, wäre er durchaus mit der Medikamenteneinnahme einverstanden. Er kann sich vorstellen, dass sich alle gemeinsam an seinen Psychiater wenden, und er würde auch beim behandelnden Arzt eine Schweigepflichtsentbindung unterschreiben, sodass gemeinsam überlegt werden kann, wie die Medikation aussehen muss.

Mit der Familie wird ein weiterer Hausbesuch zwei Wochen später vereinbart und der Kontakt entwickelt sich sehr verlässlich. Über einen Zeitraum von zwei Jahren wird der Kontakt zur Familie bestehen bleiben.

INSTITUTIONELLE KOOPERATIONEN Wenn von Amts wegen eine Kindeswohlgefährdung festgestellt wurde, ist es sehr wichtig, im Kontakt mit den Klientinnen und Klienten transparent zu sein, sowie zu klären, in welchen Bereichen der Mitarbeiter dem Jugendamt gegenüber zur Mitteilung verpflichtet ist und welche Bereiche geschützt sind. Transparenz kann auch durch gemeinsame Gespräche und Helferkonferenzen erreicht werden. Es ist darauf zu achten, dass die Gespräche so gestaltet werden, dass die Klienten nicht bloßgestellt und »vorgeführt« werden. Sinnvoll ist es, sich vor dem Gespräch mit oder auch ohne Klienten zu überlegen, was Teil des großen Themas »Kinderschutz« ist und was außen vor bleiben kann. Für Eltern soll möglichst konkret benannt sein, welches Verhalten als kindeswohlgefährdend eingestuft wird und welche Handlungsschritte es ermöglichen, den Verdacht der Kindeswohlgefährdung wieder auszuräumen. > Schweigepflicht, Seiten 86 f., 102 f.

Die Mitarbeiterin sollte sich im Vorfeld des Besuches mit den Vorgaben des Kinderschutzes vertraut machen. Steht der Verdacht auf Kindeswohlgefährdung im Raum, so hat dies Auswirkungen darauf, ob und wie stark sich Eltern im Gespräch und beim Hausbesuch öffnen können. Die Gestaltung der Wohnung, die Haushaltsführung und die Versorgung der Kinder können Bestandteil des Verdachts sein, die Eltern stehen dann unter dem Druck, das Gegenteil beweisen zu müssen. Sie wollen dabei zeigen, dass sie gute Eltern sind und trotz Erkrankung in der Lage sind, den Alltag mit den Kindern zu meistern. Beim Hausbesuch kann der Berater das im Kinderschutzverfahren als kritisch eingestufte Verhalten direkt beobachten. Unter all diesen Einflüssen dennoch so etwas wie Zutrauen zum Berater zu finden ist für Klientinnen und Klienten verständlicherweise schwierig. Dem Dilemma,

Helfer und Kontrolleur in einer Person darzustellen, kann der Mitarbeiter des Sozialpsychiatrischen Arbeitsfeldes nicht entkommen.

Was ermöglicht es dennoch, einen sinnvollen Begleitungs- und Beratungskontext zu gestalten? Zum einen ist es wichtig, auf Transparenz bezüglich der gesetzlichen Verpflichtungen zu achten. Zum anderen kann der Mitarbeiter auch darin beraten, welche Schritte aus seiner Erfahrung dazu geführt haben, dass einem erkrankten Elternteil wieder zugetraut wird, eigenständig die Kinder zu versorgen, und wie der Verdacht der Kindeswohlgefährdung wieder entkräftet werden kann. Generell kann die Information weitergegeben werden, dass die Aufgabe der Jugendämter vorwiegend darin besteht, Hilfe anzubieten und Eltern, psychisch krank oder nicht, in ihrer Elternschaft zu unterstützen. Erfahrungen belegen, dass Eltern, die Hilfe und Unterstützung für sich und ihre Kinder annehmen und sich in diesem Sinn verantwortlich zeigen, am besten dafür sorgen, dass sich die psychische Erkrankung nicht negativ auf die Kinder auswirkt.

Die psychische Erkrankung eines Elternteils erfordert oft mehrere Hilfeangebote. Eine gute Abstimmung der Hilfeangebote mit der Familie ist unbedingt erforderlich. Helferinnen und Helfer sollten sich einigen, welche Bereiche gemeinsam und welche Themen getrennt bearbeitet werden können und sollten.

Eltern sollten davon überzeugt werden, dass sich mit den Hilfeangeboten Probleme nachhaltig lösen lassen und damit die Lebensqualität aller steigt – dann verflüchtigt sich auch der Kontrollaspekt der Hilfen.

Krisen und Inobhutnahme

In den allermeisten Alltagskontexten rund um den Kinderschutz ist Transparenz das oberste Gebot. Ausnahmen sind Situationen, bei denen die beteiligten Dienste feststellen müssen, dass nur über intransparentes Verhalten eine Verschärfung der Kindeswohlgefährdung vermieden werden kann.

BEISPIEL

Die Mitarbeiterin des Jugendamtes meldet sich beim Sozialpsychiatrischen Dienst und bittet um einen dringenden gemeinsamen Hausbesuch bei Familie Olga. Die Situation sei eskaliert. Frau Olga sei inzwischen völlig in ihren Wahn verstrickt und habe die zwölfjährige Tochter Jasmin mit einbezogen. Die erwachsene Tochter Jeanette hingegen könne sich zum Glück distanzieren. Jasmin habe sich offenbar dem Verfolgungs- und Welterrettungswahn der Mutter angeschlossen und würde nicht mehr in die Schule gehen. Sie meine, sie müsse der Mutter helfen, die Welt vor den bösen teuflischen Mächten zu retten. Das wäre jetzt dringender.

Noch am selben Nachmittag findet der Besuch statt. Frau Olga öffnet bereitwillig die Tür. Mutter und Tochter Jasmin sind anwesend. Sie sind freundlich, aber deutlich aufgeregt. Auf die Frage nach der Verweigerung des Schulbesuchs meint zunächst die Mutter, dass dies im Moment überhaupt keine Rolle mehr spiele, die Welt müsse gerettet werden und sie müsse fliehen. Sie bittet darum, ihr beizustehen und ebenfalls aktiv zu werden. Unser Einwand, dass die Mitarbeiterinnen die Situation anders erleben, die Beobachtungen nicht teilen können und einen Schulbesuch weiterhin für erforderlich halten, kann Frau Olga nicht annehmen. Die Tochter wiederholt die Version der Mutter und versucht ebenfalls, alle zu überzeugen, sich dem Kampf gegen das teuflisch Böse anzuschließen. Beide erwähnen, dass sie für diesen Kampf fliehen und das Land verlassen müssten. Dazu gebe es keine Alternative. Das Gespräch wird beendet, ohne zu einer Einigung zu gelangen.

Da sich Frau Olga im Verlauf der letzten Psychose stark selbst gefährdet hatte, beschließen die beiden Mitarbeiterinnen nach Rücksprache mit den Teamkolleginnen, das Amt für öffentliche Ordnung einzuschalten, und zwar wegen der besonderen Umstände ohne vorherige Information an Frau Olga. Sie wird am nächsten Tag in die Klinik eingewiesen, die Tochter wird in eine befreundete Familie gebracht. In der Klinik kann sich Frau Olga unter Medikation von ihrem Wahn lösen. Sie hat schließlich wieder regelmäßigen Kontakt zu Jasmin. Diese bleibt weiterhin in der Pflegefamilie, die inzwischen zur offiziellen, vom Jugendamt finanzierten Pflegestelle wurde. Kurz nach der Einweisung der Mutter fängt Jasmin unter dem Einfluss der Pflegefamilie wieder an, die Schule regelmäßig zu besuchen und nimmt nach und nach Abstand von den Wahnideen der Mutter.

Der kultursensible Hausbesuch

Die Entwicklung interkultureller Kompetenz bei den Mitarbeitern und Mitarbeiterinnen ist sehr bedeutsam. Sie sollte Teil der Kultur einer Einrichtung sein und von Leitungen in Organisationen der Sozialarbeit mit ihren Teams entwickelt werden (beispielhaft siehe Caritasverband Stuttgart 2018).

Was für kultursensible Beratung insgesamt von Bedeutung ist, gilt natürlich auch für die aufsuchende Arbeit. Bei der aufsuchenden Arbeit besonders zu beachten ist, dass wir als Besuchende Gäste sind und uns mit der Rolle eines Gastes im jeweiligen Kulturkreis vertraut machen sollten.

Wenn die Nationalität schon bei der Anfrage bekannt ist, empfiehlt es sich bereits vor der Kontaktaufnahme, den Aspekt der kulturellen Differenz einzubeziehen. So muss vielfach überlegt werden, ob es sinnvoll ist, eher einen Mann oder eine Frau für den Besuch einzusetzen. In manchen Kulturkreisen ist ein Hausbesuch durch einen männlichen Kollegen ohne gleichzeitige Anwesenheit des Ehemanns, Bruders oder Sohnes undenkbar. Für die Akzeptanz des Angebots kann auch das Alter des Kollegen eine Rolle spielen.

Sinnvoll ist es zudem, sich bereits vor dem Hausbesuch kundig zu machen, welche Höflichkeitsgebote für Gäste üblich sind. Wer wird zuerst begrüßt, ist die Begrüßung per Handschlag üblich, sollten wir auf jeden Fall die Wohnung ohne Straßenschuhe betreten, wie ist der Umgang mit angebotenen Getränken und Essen.

Eine große Rolle bei der Akzeptanz von Hilfen spielen Einstellungen und Umgangsweisen mit psychischen Erkrankungen in der Herkunftskultur. Die Stigmatisierung psychisch Kranker, die Verheimlichung und Scham sind unter Umständen noch weit ausgeprägter als in Mitteleuropa. Wir erleben immer wieder, dass Klienten und Klientinnen zwischen dem Glauben an das, was beispielsweise vom Arzt, Therapeuten oder Sozialarbeiter vermittelt wird, und den in der Herkunftskultur üblichen Erklärungsweisen hin und her pendeln.

Gerade diese starke Ambivalenz gegenüber den Angeboten des Hilfesystems führt dazu, dass zumindest am Anfang der Begleitung Familien mit Migrationshintergrund nur über nachgehende Arbeit und über Hausbesuche erreicht werden können.

Oftmals entwickelt sich zu Beginn der aufsuchenden Tätigkeit ein Dialog über die Besonderheiten im Umgang mit Gästen in den jeweiligen Ländern. Viele Klientinnen freuen sich über das gezeigte Interesse und geben gerne Auskunft. Der eher allgemeine Small Talk über Gemeinsamkeiten und Unterschiede erleichtert die Kontaktaufnahme und ist förderlich für den Einstieg ins eigentliche Thema und den Anlass des Besuches.

BEISPIEL

Die Mitarbeiterin des Flüchtlingswohnheims wendet sich an den Sozialpsychiatrischen Dienst. Frau Woleri hat zu Beginn ihrer dritten Schwangerschaft einen schweren Suizidversuch mit Tabletten unternommen. Inzwischen ist sie aus der Klinik entlassen worden. Nach wie vor geht es ihr sehr schlecht, sie klagt der Mitarbeiterin gegenüber über völlige Überforderung und über Ängste. Der Ehemann ist zutiefst verunsichert und erschrocken. Die Familie ist mit einem Hausbesuch einverstanden.

Frau Woleri öffnet der Mitarbeiterin und der Dolmetscherin die Tür und meint, es sei nicht nötig, die Schuhe auszuziehen. Da das Zimmer peinlich sauber und mit Teppichen ausgelegt ist, beschließen beide, dies dennoch zu tun. Sie wissen, dass diese Gepflogenheit oft dennoch mit Erleichterung angenommen wird.

Frau Woleri serviert trotz ihrer Belastung Tee und eine Schale mit kleinen Nüssen und getrockneten Früchten. Es entwickelt sich ein Gespräch über die unterschiedlichen Früchte und Nüsse, die die Besucherinnen probieren. Nach einer viertel Stunde kommen sie zum eigentlichen Anlass ihres Besuchs. Mittels der Übersetzung beschreibt die Sozialarbeiterin die Sorgen der Mitarbeiterin des Flüchtlingsheims und erklärt die Aufgaben des Dienstes.

Am Ende des Gesprächs wird ein kontinuierlicher Kontakt vereinbart. Nachdem das dritte Kind geboren ist, kann sich Frau Woleri stabilisieren. Die Familie bleibt mit dem Sozialpsychiatrischen Dienst im regelmäßigen Kontakt. Um Frau Woleri zu entlasten und sie auch in ihrem Umfeld wahrnehmen zu können, wird zwischen Hausbesuchen und Gesprächen in der Dienststelle variiert. Das Servieren von Tee und die Schale mit Nüssen und Früchten gehören beim Hausbesuch weiterhin zum Ritual. Im Gegenzug wird auch bei den Gesprächen im Dienst Tee serviert.

Hier handelt es sich um ein Beispiel dafür, wie sich Kultursensibilität in der Kontaktgestaltung auswirken kann – aber nicht muss. Es kommt auch vor, dass sich eine Person aufgrund der eigenen Lebensgeschichte bewusst von der Herkunftskultur distanziert und hier in Deutschland mit eigenen kulturellen Traditionen bricht. Kultursensibilität erfordert deshalb immer Offenheit, Interesse und Neugier für die Individualität des Gegenübers, damit kulturelle Aspekte nicht unbeachtet bleiben, aber auch nicht überbewertet oder fehlgedeutet werden.

Selbstsorge

Für sich selbst gut Sorge zu tragen ist generell eine Kernkompetenz für die Arbeit im sozialpsychiatrischen Kontext. Nur mit ihr ist es langfristig überhaupt möglich, psychisch erkrankte Menschen zu begleiten.

Selbstsorge meint in diesem Kontext eine gute Balance zu finden zwischen den Erfordernissen der Arbeit einerseits und den eigenen Grundbedürfnissen und Grenzen andererseits. Nicht selten stehen diese zwei Pole im Widerspruch zueinander. In der gemeinsamen Teamreflexion gilt es, herauszuarbeiten, was in der jeweiligen Situation zu tun ist und was geleistet werden kann, um das Ziel einer bedarfsorientierten Arbeit als grundsätzliche Handlungsmaxime zu verfolgen. Dies kann im Einzelfall bedeuten, von den eigenen Idealvorstellungen Abstriche machen zu müssen. Voraussetzung hierfür ist eine angemessene Selbsteinschätzung sowie die Fähigkeit, eigenes Handeln kritisch zu reflektieren und – vor allem – in ein kritisch-solidarisches Team integriert zu sein.

Hausbesuche können durchaus auch im Sinne der Selbstsorge eine Bereicherung der eigenen Arbeit darstellen, denn sie sorgen durch die örtliche Veränderung für Abwechslung, die Wege bedeuten eine Möglichkeit, sich zwischen den Terminen zu besinnen und sich zu bewegen. In andere Lebenswelten einzutauchen kann erfrischend, skurril und überraschend sein und ist immer bereichernd.

Hausbesuche können jedoch durch die Vielfalt der Eindrücke auch punktuell überfordern, die unmittelbare Konfrontation mit Tristesse und Leiden der besuchten Klientinnen und Klienten kann entmutigend wirken und es schwierig machen, die so dringend notwendige Zuversicht, dass Veränderungen möglich sind, aufrechtzuerhalten.

Was muss beachtet werden, damit Hausbesuche die Selbstsorge nicht beeinträchtigen, im besten Sinne sogar befördern?

Auf lösbare Aufträge achten

Beim Hausbesuch tauchen wir unmittelbar in die Lebenswelt des Betroffenen und seiner Familie ein. Leid, Tristesse und Tragik sind direkt erlebbar, auch der drängend vorgetragene Wunsch dcs sozialen Umfelds nach rascher Veränderung ist dadurch gut einfühlbar.

Dabei kann die Flut an Eindrücken, Informationen und Aufträgen überfordernd und lähmend wirken. Gut zu sortieren, Prioritäten zu setzen, strukturiert und trotzdem offen zu handeln, mit dem Klienten und seinem Umfeld sowie mit der Hilfe des Teams lösbare Aufträge herauszufiltern und zu erarbeiten, steht daher für die Selbstsorge an erster Stelle.

BEISPIEL

Frau Zlatko meldet sich beim Sozialpsychiatrischen Dienst und bittet um ein Gespräch zur Angehörigenberatung. Sie macht sich große Sorgen um ihren psychisch kranken Sohn Wladimir. Wladimir ist kurz vor dem Abitur erstmals an einer schizophrenen Psychose erkrankt und war seither mehrmals in klinischer Behandlung. Trotz der Erkrankung konnte er erfolgreich die Schule und eine Berufsausbildung abschließen. Es gelang ihm jedoch nicht, im erlernten Beruf Fuß zu fassen. Aktuell lebt er von Arbeitslosengeld und wohnt in einer kleinen Einzimmerwohnung. Eine psychiatrische Behandlung lehnt er strikt ab.

Die Mutter macht sich große Sorgen, dass er wieder wie früher in eine ihn selbst gefährdende Krise rutschen könnte. In der Vergangenheit hat er sich in Krisenzeiten immer stärker vom serbischen

Geheimdienst verfolgt gefühlt und schließlich Essen und Trinken so vernachlässigt, dass eine Zwangseinweisung nötig wurde. Die Mutter hat einen Antrag auf gesetzliche Betreuung gestellt, der jedoch abgelehnt wurde. Herr Zlatko war zum Gutachter freundlich, wirkte gepflegt und konnte auch sein Zimmer in akkurater Ordnung vorweisen. Den Antrag beim Jobcenter kann er allerdings nur mithilfe der Mutter ausfüllen. Jüngst ist sie mit ihm in die Klinik gefahren, doch ist ihr Sohn kurz vor Gesprächsbeginn weggerannt, als er merkte, dass es sich um eine psychiatrische Abteilung handelte.

Gemeinsam mit der Mutter überlegt der Mitarbeiter, wie ihr Sohn eventuell Hilfe durch den Dienst annehmen könnte. Frau Zlatko meint, ihr Sohn würde sich in der Regel über Besuch freuen. Es wird verabredet, dass die Angehörigenberatung personell getrennt wird von dem Versuch, eine psychiatrische Begleitung des Sohnes zu erreichen. Eine jüngere Kollegin wird sich bei Frau Zlatko melden und beim ersten Mal gemeinsam mit ihr zum Hausbesuch gehen. Der Mitarbeiter erklärt Frau Zlatko, dass ihr zwar verständlicherweise an einer schnellen Lösung liege, die junge Kollegin jedoch unbedingt Zeit brauche, um mit dem Sohn in einen guten Kontakt zu kommen, und es deshalb wenig sinnvoll ist, wenn sie ihn anfangs zu sehr mit Appellen an seine Einsicht bestürme.

Die beiden besprechen außerdem, dass der Mitarbeiter mit dem Team und dem beratenden Arzt spricht, der Herrn Zlatko von einer Klinikeinweisung kennt.

Die junge Kollegin schafft es, gut in Kontakt mit Herrn Zlatko zu gelangen. Nach einigen Hausbesuchen kommt er zu ihr in den Dienst, eine psychiatrische Behandlung lehnt er gleichwohl monatelang vehement ab. Erst als seine Verfolgungsängste immer stärker zunehmen und er Angst hat, vom Geheimdienst ermordet zu werden, ist er bereit, in Begleitung der Kollegin freiwillig in die Klinik zu gehen und im Anschluss an die Klinikbehandlung auch wieder seinen früheren Psychiater aufzusuchen.

ZEITPLANUNG Zu Beginn einer Betreuung herrscht oft ein immenser Zeitdruck. Wie im Beispiel gezeigt, ist es ist oftmals das Umfeld, das eine rasche Veränderung fordert, wohingegen der Klient eher »in Ruhe« gelassen werden will. Aufgrund des eigenen Leidensdrucks erwarten Angehörige und das weitere soziale Umfeld ganz verständlicherweise von uns, dass wir als Professionelle mit Vehemenz in Richtung Einsicht und Veränderung auf den Klienten einwirken. Im Grunde wird häufig die Fortsetzung des eigenen Stils nur mit anderen Mitteln erwartet – häufig jedoch ein Stil, der bisher beim Klienten nicht zum Erfolg und zur Behandlungseinsicht geführt hat.

So steht am Anfang der Betreuung und oft schon vor der Kontaktaufnahme mit dem Klienten selbst die Absprache mit dem beauftragenden Umfeld darüber, was wir leisten können und wollen und was nicht. Wir erklären, dass der erste wichtige Schritt der Aufbau einer tragfähigen Beziehung ist, dass dieser Schritt Zeit und eine gewisse Ruhe braucht und dass eine rasche Veränderung in der unmittelbar nächsten Zeit eher unwahrscheinlich ist. Unter Umständen ist der Leidensdruck des beauftragenden Angehörigen so groß, dass er selbst Hilfe benötigt. In diesem Fall sollten wir daran denken, ihn an einen anderen Dienst zu verweisen, oder dafür sorgen, dass im Dienst ein anderer Mitarbeiter als Ansprechperson zur Verfügung steht.

Insuffizienzgefühle Bei einer solchen widersprüchlichen Auftragslage sind Gefühle von Zerrissenheit und Ohnmacht beim Mitarbeiter eher wahrscheinlich. Sie sind ein wertvoller Hinweis darauf, dass zunächst eine Klärung des Auftrags ansteht. Die Klärung des Auftrags, die Strukturierung in lösbare Aufträge und das Aufteilen eines größeren Auftrages in kleine Schritte sind zentrale Teile der eigenen

Selbstsorge. Die Auftragsklärung erfolgt zusammen mit dem beauftragenden Umfeld und mit dem Klienten, kann jedoch in der Selbstreflexion und im Team vorbereitet werden.

Es hat sich bewährt, bei Gefühlen von Überforderung und Ambivalenz zunächst eine Reflexion des Auftrags vorzunehmen. Verschiedene Methoden wie Auftragskarussell, Reflecting Team, Intervision und Supervision können dabei hilfreich sein (Hinweise siehe ANDERSEN 2011).

Nicht immer lassen sich konkurrierende Aufträge auflösen. Das Nebeneinander sich widersprechender Aufträge sollte dann bewusst wahrgenommen werden. Schon dieses bewusste Wahrnehmen hilft dabei, widerstreitende Gefühle und Gedanken bei sich selbst besser zu verstehen und zu akzeptieren.

Sich Einlassen und wieder Distanz finden

Durch das intensive Eintauchen in die Lebenswelt der Klienten und das Sich-Einlassen auf ihren Alltag ist es immer wieder eine Herausforderung, den Wechsel zwischen Nähe – sich berühren lassen von fremden Lebensgeschichten – und Distanz zu meistern, also wieder Abstand zu gewinnen und sich auf die nächste anstehende Aufgabe gut konzentrieren zu können. Dies gelingt wiederum nur in einem sich wechselseitig bedingenden Prozess von Erfahrungen, Einbindung in das Team, Fort- und Weiterbildungen und der Bereitschaft und Fähigkeit, sich reflexiv mit der eigenen Person auseinanderzusetzen.

BEISPIEL

Frau Jumane aus Eritrea bittet um einen Hausbesuch. Sie hat kurz vor Weihnachten viel Post von der Krankenkasse und vom Ausländeramt erhalten. Sie versteht nicht, was von ihr gefordert wird, und hat Angst, Termine zu versäumen. Sie fühlt sich nach einer Klinikbehandlung zu müde, um aus dem Haus zu gehen. Außerdem hat sie keine Betreuung für ihren fünfjährigen Sohn David, da ihr Mann arbeitet. Ihre ältere Tochter ist bei einer Ferienfreizeit.

Als der Mitarbeiter zur Tür hereinkommt, bestürmt ihn gleich der Sohn. Ihm ist langweilig, die Mutter ist zu müde, um mit ihm zu spielen, und die Kita hat geschlossen. Der Mitarbeiter von den »Hilfen zur Erziehung« kommt erst wieder im Januar. Frau Jumane und der Mitarbeiter versuchen, den Sohn zu überreden, sie erst einmal in Ruhe die Papiere ansehen zu lassen, aber David lässt nicht locker. Schließlich findet sich ein Kompromiss: David lässt den beiden eine halbe Stunde Zeit, um die Papiere zu sichten; Frau Jumane kommt in der Woche nach den Ferien in den Dienst, um dort ungestört die zu erledigenden Formulare weiter zu bearbeiten und die letzte Viertelstunde steht der Mitarbeiter David zur Verfügung, der unbedingt mit jemandem an seinem neuen Tischkicker spielen möchte.

Nach dem Spielen fällt es dem Mitarbeiter schwer, sich aus dem Spiel loszureißen und den aufgeweckten, sehr sympathischen David mit seiner durch die Medikamente stark verlangsamten Mutter allein zu lassen. Er geht mit gemischten Gefühlen. Auf dem Weg denkt er daran, dass er »privat« vermutlich anders gehandelt und sich viel mehr Zeit für das Kind genommen hätte.

Menschen, die nur per Hausbesuch erreicht werden können, sind oftmals sozial isoliert. Während langjähriger Krankheitsverläufe sind Kontakte zu Freunden und Angehörigen abgebrochen oder die Familie lebt, wie im Fallbeispiel, weit entfernt, oft verstreut über mehrere Länder. Bei Migranten, die aus ihrer Heimat fliehen mussten, ist dies die Regel. Wenn die Beziehungsarbeit am Anfang erfolgreich war, so werden mit wachsendem Vertrauen immer wieder Wünsche nach Nähe, Freundschaft oder sogar einer familiären Beziehung angesprochen.

Im Kontakt gilt es, diesen Wünschen respektvoll und mit Feingefühl zu begegnen, ohne zu verschleiern, dass wir professionelle Helfer sind. Es hat sich bewährt, im Gespräch den Wunsch nach mehr Nähe als ganz natürliches Bedürfnis zu würdigen. Wir sollten jedoch auch offen ansprechen, dass wir als Professionelle diese Lücke privater Beziehungen nicht ausfüllen können und dass unsere Zeit begrenzt ist.

EIGENE PRIVATSPHÄRE Für Klienten ist es durchaus verständlich und nachvollziehbar, dass wir unsere Privatsphäre auch schützen müssen, sodass wir uns zu Hause gut erholen können. Hier ist Takt nötig, sodass die Grenzziehung nicht als Abwertung der Person erfahren wird.

Das Eintauchen in die Lebenswelt des Klienten sorgt für ein viel stärkeres emotionales Berührtsein als bei Kontakten lediglich in der eigenen Dienststelle. Mitarbeitende müssen sehr gut lernen umzuschalten, sobald sie den Kontext der Familie verlassen. Soll Belastendes nicht ins Privatleben mitgenommen werden, können fest verankerte Routinen beim Übergang ins Privatleben hilfreich sein. Ein Übergangsritual, wie der Wechsel der Kleidung, die Tasse Tee beim Ankommen zu Hause, das Nachsinnen über die Arbeit auf den Nachhauseweg zu beschränken, um danach gedanklich umschalten zu können, all das hilft, dass belastende Themen »in der Beratungsstelle« bleiben.

Während der Dienstzeit hat es sich bewährt, nach einem kritischen Hausbesuch, bei dem im Nachhinein viele Fragen auftauchen, schnell das Gespräch mit Kolleginnen zu suchen. Nach anstrengenden und fordernden Besuchen (oft ist dies schon im Vorfeld klar), ist es sinnvoll, eine kleine Pause zum Abschalten einzubauen, sodass sichergestellt ist, dass die Anspannung nicht ins nächste Gespräch mit hineingenommen wird.

Bewegung als effektive Form des Stressabbaus kann auch auf dem Weg zu einem herausfordernden Hausbesuch genutzt werden, indem ein Stück des Weges zu Fuß gegangen statt gefahren wird. Beim Gehen kann der Hausbesuch gedanklich vorbereitet werden, das Gehen gibt Zeit zum Nachsinnen, Durchatmen und ermöglicht es, wieder andere Eindrücke aufzunehmen und Abstand zu finden.

HUMOR Eine nicht zu unterschätzende Form des gedanklichen Distanzgewinnens ist, den Kollegen die Situation beim Hausbesuch humorvoll zu schildern. Humor schafft Abstand und lässt wieder einen anderen Blick auf das Geschehen zu. Lachen entspannt auch körperlich. Bei der nächsten Begegnung ist wieder eine neue Herangehensweise möglich. Es ist darauf zu achten, dass aus Humor nicht Zynismus wird, eine grundsätzlich wertschätzende Haltung den Klienten und der eigenen Arbeit gegenüber muss selbstverständlich erhalten bleiben.

Bewährt hat sich auch, während der Mittagspause auf dienstliche Themen zu verzichten (Notfälle und Kurzabsprachen ausgenommen). Ein Team, das auf Selbstsorge achtet, findet miteinander entspannende Themen.

Führungskräfte sind besonders gefordert, in Mitarbeitergesprächen darauf zu achten, ob die Balance von Nähe und Distanz in der Klientenarbeit in ausreichendem Maße vorhanden ist.

»Blödeln« und vermeintlich oberflächlicher Small Talk sind in Pausen ausdrücklich erwünscht!

Dem resignativen Sog widerstehen

Neben dem Angebot einer tragfähigen Beziehung gehört die Vermittlung von Hoffnung und Zuversicht zu den Hauptfaktoren für eine erfolgreiche therapeutische und pädagogische Arbeit. Das ist den meisten Mitarbeitern durchaus bewusst. Nicht immer ist es jedoch so einfach, sich angesichts der schwierigen Lebensverhältnisse der Klienten Zuversicht und Hoffnung zu erhalten und weiter zu entwickeln.

BEISPIEL

Auf dem Weg zu Frau Jung merkt die Mitarbeiterin, dass sie langsamer wird und dass trotz strahlendem Sonnenschein ihre Laune beim Gedanken an den »süßlichen« Geruch in der Wohnung und den seit dem letzten Besuch angesammelten Müll deutlich sinkt. Frau Jung ist eine Frau mit vielen Talenten. Sie hat trotz früher Erkrankung Musik und Kunst studiert und arbeitet in stabilen Zeiten in diesen Bereichen freiberuflich. Sie kann sich davon auch weitgehend finanzieren. Im Moment steckt sie jedoch in einer schweren Krise, der dritten Krise, die die Mitarbeiterin seit Beginn der Betreuung miterlebt.

Frau Jung geht seit vier Monaten nach einer längeren Klinikbehandlung nur noch zweimal in der Woche mit der Mitarbeiterin aus dem Haus: einmal zum Herunterbringen des Mülls, das andere Mal zum Einkaufen. Beides fällt ihr auch mit Begleitung schwer. Sie wird seit Klinikentlassung im Rahmen des ambulant Betreuten Wohnens begleitet. Der anfängliche Optimismus der Mitarbeiterin, dass Frau Jung bald wieder zu ihren vielfältigen Ressourcen zurückfinden wird, schwindet immer mehr. Vor jedem Besuch muss sich die Mitarbeiterin neu wappnen und motivieren.

Es braucht insgesamt noch mal drei Monate, bis Frau Jung wieder von sich aus das Haus verlässt. Nach einem Jahr Pause beginnt sie wieder mit ihrer Arbeit. Inzwischen kommt sie einmal im Monat zur Beratung in den Sozialpsychiatrischen Dienst.

RESSOURCENORIENTIERUNG Die Ressourcenorientierung, Zuversicht und die erlebte Sinnhaftigkeit der Arbeit gehen bei langwierigen Verläufen und in länger dauernden Krisenzeiten immer wieder verloren. Häufig ist nicht absehbar, ob sich ein hohes Engagement »lohnt«. Es ist deshalb wichtig, sich immer wieder vor Augen zu halten, dass in der Vergangenheit Entwicklungen möglich waren, auch wenn es anfänglich sehr schlecht aussah und Monate, manchmal Jahre des Ringens und der Stagnation ausgehalten werden mussten. Ebenso sollte man die Klienten nicht durch sein eigenes »Über-Engagement« überholen, sondern im Tempo des Klienten und mit ihm Veränderungen gestalten, sonst ist es für beide Seiten sehr anstrengend. Idealerweise befindet man sich eher »einen Schritt hinter dem Klienten« als einen Schritt davor.

Wer merkt, dass er Terminen eher mit Widerstand begegnet, sollte dem nachspüren und es eventuell im Team besprechen und abklären.

Sinn und Resilienz in der Arbeit

Bei der Selbstfürsorge geht es um den liebevollen Umgang mit uns selbst: das Achten eigener Bedürfnisse, das Hören auf die innere Stimme und das Grenzensetzen, wenn zu viele Eindrücke auf uns einströmen.

Aus der Resilienzforschung ist bekannt, dass resiliente Menschen oft außergewöhnlich stark sozial aktiv sind, sich herausfordernde Aufgaben zutrauen sowie eingebunden sind in ein vielfältiges, sie unterstützendes und forderndes soziales Netz. Gleichzeitig sind sie jedoch besonders fähig, sich ihre Inseln des Rückzugs und der Erholung zu gönnen. Das Erleben von Sinn, Selbstwirksamkeit und Verbundenheit mit anderen über eine gemeinsame Aufgabe puffern Stress und das Erleben von Widrigkeiten ab.

Bei der Arbeit im Sozialpsychiatrischen Zentrum oder vergleichbaren Einrichtungen ist das Sinnerleben vermutlich direkter und eher möglich als in vielen anderen Arbeitsfeldern. Der Nutzen der eigenen Arbeit für die zu begleitenden Menschen ist meist unmittelbar erkennbar. Die Vielfalt der Aufgaben und Themen sowie immer wieder anstehende Veränderungen und Neuentwicklungen erleichtern es ebenfalls, neue Herausforderungen für sich zu entdecken, Möglichkeiten zum Gestalten und zur persönlichen Weiterentwicklung zu finden.

TEAMZUSAMMENHALT Eine Voraussetzung für den Zusammenhalt ist, dass dieses hohe sinnstiftende Potenzial der Arbeit auch zur Entfaltung kommen kann, und zwar in einer Teamkultur, in der Wertschätzung und Transparenz an erster Stelle stehen. In einem chronisch zerstrittenen, intransparenten, endlos nörgelnden Team ist es sehr erschwert bis unmöglich, den Sinn der eigenen Arbeit zu erfahren. Die Schwelle, Probleme bei der Arbeit anzusprechen, ist in konfliktgeladenen Teams deutlich erhöht. Dadurch wird es auch erschwert, neue kreative Herangehensweisen im Umgang mit Klienten zu entwickeln, wenn dies dringend erforderlich wäre.

Es lohnt sich für die eigentliche Arbeit und für die Selbstsorge, Konflikte im Team rasch anzugehen und Zeit in die Pflege einer guten Teamkultur zu stecken. Dies setzt wiederum Kraft und Energie für die Klientenarbeit frei, die ansonsten im Teamkonflikt gebunden ist.

BEISPIEL

Frau Kajowski wird seit zwei Jahren im Rahmen des ambulant Betreuten Wohnens in ihrer eigenen Wohnung betreut. Sie war kurz nach der Geburt ihres Sohnes, der inzwischen erwachsen ist, an einer Psychose erkrankt und seither sehr häufig in der Klinik. Anfangs war auch die Betreuung gekennzeichnet durch Krisen und

häufig notwendige kurzfristige Besuche. Gleichzeitig war Frau Kajowski der Begleitung und der psychiatrischen Behandlung insgesamt gegenüber sehr ambivalent.
Seit einem Jahr nun ist es bei ihr ruhiger geworden. Sie hat einen guten Kontakt zu ihrer neuen Psychiaterin gefunden, geht regelmäßig in die psychiatrische Institutsambulanz zur Ergotherapie, eine konflikthafte Partnerschaft wurde beendet und mit einer Nachbarin aus dem Haus ist eine Bekanntschaft entstanden. Beide gehen regelmäßig miteinander spazieren. Frau Kajowski freut sich auf die regelmäßig montags stattfindenden Hausbesuche. Das Schildern der Sorgen über den ebenfalls erkrankten Sohn entlastet sie. Obwohl sich die Mitarbeiterin des Dienstes über die positive Entwicklung freut und sie die intensive Begleitung auch keinesfalls vorschnell beenden möchte, bemerkt sie, dass sie zunehmend schlechter zuhören kann und sie die immer ähnlich lautenden Gespräche ermüden. Sie überlegt zunächst selbst, dann zusammen mit Frau Kajowski, ob ein Wechsel des Settings nötig und möglich ist. Diese jedoch schätzt das entstandene Ritual und nimmt auch ungern den Weg zum Gemeindepsychiatrischen Zentrum auf sich. Nur durch den Hinweis, dass sie viel stabiler geworden ist und dass das Setting deshalb nicht mehr passend erscheint, stimmt sie zögerlich einer Veränderung zu.
Schritt für Schritt entwickelt sich ein neues Ritual: Es findet ein Wechsel zwischen Hausbesuchen und Besuchen im Dienst statt. Und wann immer vom Wetter her möglich, werden die Gespräch auf einem Spaziergang mit anschließendem Cafébesuch im Tageszentrum oder außerhalb geführt. Beide einigen sich darauf, dass konfliktbehaftete Themen und Sorgen um ihren Sohn auf die Gespräche außerhalb des Cafés beschränkt bleiben. Dort sollen andere, erfreulichere Themen und Small Talk Platz finden. Das

Umschalten fällt Frau Kajowski anfangs schwer, gelingt ihr aber mit der Zeit immer besser, sodass sie lernt, ihre Sorgen auch mal zumindest für kurze Zeit hintanzustellen.

Rituale geben Halt, es muss aber immer wieder überprüft werden, ob der ursprünglich angedachte Sinn noch besteht, ob das einmal gewählte Setting noch stimmig ist, auch im Sinne der eigenen Selbstsorge und Ausgewogenheit der Anforderungen an die Mitarbeiterinnen und Mitarbeiter.

Am Anfang der Begleitung steht der Kontaktaufbau im Vordergrund, der Mitarbeiter muss dabei unter Umständen eigene Bedürfnisse zurückstellen, aus Rücksicht auf ein noch nicht bestehendes oder fragiles Vertrauensverhältnis. Eine gesunde Selbstsorge beinhaltet jedoch auch, dass dieses Zurückstecken Grenzen hat. Angebotenes Essen und Trinken bei hygienisch nicht einwandfreien Verhältnissen muss nicht angenommen werden. Als Nichtraucher können wir darum bitten, dass das Fenster geöffnet wird. Bei starker Geruchsbelästigung dürfen wir dafür Sorge tragen, dass der Termin nicht zu lange dauert.

Aggressivität und massive Abwertung dürfen zu einem schnellen Beenden des Besuchs führen, möglicherweise mit dem Hinweis, ein anderes Mal wiederzukommen.

Bei länger dauernden Betreuungen kann auf ein stimmiges Setting auch durch die Taktung der Besuche geachtet werden. Anfangs sind häufige Besuche notwendig, in ruhigen Zeiten kann der Kontakt lockerer gestaltet werden.

Spielräume gibt es auch bei der Ortswahl. Bei langjährigen Betreuungen, die hauptsächlich Stabilisierung und Entlastung zum Ziel haben und stark ritualisiert sind, kann durch den Wechsel zwischen Hausbesuchen, Besuchen im Dienst, Gesprächen beim Spaziergang, im Tagescafé oder dem Aufsuchen neuer Orte in der Stadt Lebendigkeit und etwas Abwechslung ermöglicht werden.

Bei der Neigung zum Klagen kann zunächst geklärt werden, ob nicht eine andere Form des Gesprächs sinnvoller und zielführender wäre. Die Zeitdauer der Entlastung über Problemschilderungen kann von vornherein zeitlich begrenzt werden mit der Absprache, danach auf andere Themen zu kommen. Dies ist insgesamt wichtig nicht nur für die eigene Psychohygiene, sondern auch um die Klientinnen und Klienten aus ihrer Fokussierung auf Probleme statt auf Lösungen herauszuhelfen.

Ein Mitarbeiter, der auf ein stimmiges Setting bei der Gestaltung des Kontakts achtet, kann beim Klienten langfristig ähnliche Suchprozesse anstoßen. Auch der Klient wird dadurch ermutigt, anzusprechen, was er sich wünscht und wie er sich eine stimmige Begleitung vorstellt.

Warum ist es so wichtig, für die Selbstsorge auf einen auch für den Mitarbeiter passenden Rahmen des Kontakts zu achten?

Ein grundlegendes Dilemma beim Thema »Selbstsorge« ist, dass das Wissen, was uns selbst guttun würde, meistens vorhanden ist und wir in der Regel sehr gut über ganz grundsätzliche Fragen der Selbstsorge informiert sind. Wir wissen, wie ein sinnvolles Zusammenspiel von Anspannung und Entspannung, ausreichend Bewegung und gesunder Ernährung aussieht. Wir wissen auch, wie wesentlich die Balance aus Selbstsorge und Engagement im Kontakt mit den Klienten ist. Es mangelt jedoch oft daran, dieses Wissen im Arbeitsalltag umzusetzen und stetig beizubehalten.

STIMMIGKEIT Das Umsetzen des Wissens um Selbstsorge in die Praxis wird wesentlich vom Gefühl der Stimmigkeit beeinflusst. Wer sein Leben und seine Arbeit als stimmig und rund, als zu sich passend erlebt, ist viel stärker motiviert und in der Lage, auch gut für sich zu sorgen.

Durch das Forschungsgebiet der Salutogenese ist dieser Zusammenhang gut belegt. Menschen, die ihr Leben als stimmig, passend und in sich zusammenhängend erleben, finden eher eine Möglichkeit, ihre Ressourcen zur Erhaltung ihrer Gesundheit einzusetzen als andere (siehe dazu ANTONOVSKY 1997). Das Erarbeiten eines stimmigen Settings in der Gestaltung der Beziehung zu Klienten ist also gesundheitsförderlich.

Ein grundsätzliches Gefühl von Stimmigkeit, eine positive Grundhaltung gegenüber der eigenen Aufgabe ist die eine Seite, jedoch müssen im Kontext von Hausbesuchen auf der anderen Seite auch Gefühle von Unstimmigkeit und Dysbalance im Kontakt mit Klienten wahrgenommen werden (dürfen).

Sogenannte negative Gefühle beim Mitarbeiter sind wichtige Signale für ein Missverhältnis zwischen Geben und Nehmen, zum Beispiel wenn das Arbeitsbündnis nicht mehr dem aktuellen Entwicklungsstand des Klienten entspricht. Negative Gefühle sind damit ein notwendiges Arbeitsmittel, um den Klienten bei seinem persönlichen Wachstum zu unterstützen. Nur ein Mitarbeiter, der bei sich Gefühle von Unmut und Unwilligkeit wahrnehmen kann und darf, kann rechtzeitig Grenzen setzen und förderlich bleiben. Jeder Therapeut, der in einer Begegnung unangenehme Gefühle spürt, weiß, dass etwas nicht stimmt – auch wenn vielfach noch nicht klar ist, was das genau ist.

Wenn wir uns innerlich erlauben können, dass uns überzogene Anspruchshaltungen und die Bequemlichkeit von Klientinnen und Klienten ärgern, sind wir bereit, die Energie aufzuwenden, um Veränderungen einzufordern, Veränderungen, die den Betroffenen wieder ein Mehr an Selbstständigkeit und Autonomie ermöglichen.

Gefährdungen erkennen, Ruhe bewahren, Vorsorge treffen

Unter dem Aspekt der Selbstsorge betrachtet, ist es von wesentlicher Bedeutung, dass Mitarbeiter auf ihr »Bauchgefühl« achten und ausreichend Vorsorge betreiben. Das Team übernimmt auch hier wieder eine wichtige Rolle und muss aufmerksam mit beobachten und mit handeln. > Aggressive Klienten, Seiten 73 ff.

BEISPIEL

Der Auftrag, nach Herrn Müller zu schauen, denn er werde immer eigenartiger, kommt gleichzeitig vom Amt für öffentliche Ordnung und von den Familienangehörigen. Herr Müller ist 47 Jahre alt und mit 22 Jahren an einer schizophrenen Psychose erkrankt. Er lebt in der Nähe der Eltern in einer Einzimmerwohnung, die der Bruder gekauft hat. In den letzten 15 Jahren war er stabil und hat in einer Schreinereiwerkstatt gearbeitet, denn er ist handwerklich sehr begabt. Vor zehn Jahren hatte er das letzte Mal Kontakt zum Sozialpsychiatrischen Dienst.

Vor zwei Jahren hat er seine Arbeit aufgegeben. Sie sei ihm zu viel geworden. Das war auch der Anfang, dass er zu trinken begann. In psychiatrischer Behandlung ist er seit einem Jahr nicht mehr. Die Eltern machen sich Sorgen, weil er zunehmend verwahrlose und viel Streit mit dem Nachbarn habe. Diese würden sich jetzt auch bei ihnen über Lärm und grenzüberschreitendes Verhalten beschweren. Sie als Eltern hätten Angst vor ihrem Sohn. Sie kennen ihn als eher gutmütig, jetzt allerdings wäre er aufbrausend und unverschämt. Mehrmals hätten die Nachbarn die Polizei eingeschaltet. Das Amt für öffentliche Ordnung sei bei ihm gewesen, hält eine Einweisung für (noch) nicht nötig und bittet um Kontaktaufnahme.

Der gesetzliche Betreuer und ein Mitarbeiter des Dienstes beschließen, zu zweit zu Herrn Müller zu gehen. Da stellt sich schon heraus, dass Herrn Müllers Klingel nicht mehr funktioniert, jedoch öffnet er nach längerem Klopfen und Rufen die Terrassentür. In die Wohnung will er sie nicht lassen, er ist jedoch bereit, auf der Terrasse mit ihnen zu reden. Beim Blick ins Zimmer ist Müll und Unrat zu erkennen. Während des Gesprächs raucht Herr Müller und trinkt Bier.

Er sei sehr wütend auf seinen Nachbarn, der ihn nicht in Ruhe lasse. Auf die Frage, wie ihm geholfen werden könne, kann er immer nur kurz eingehen, dann schweift er wieder ab, wird laut und äußert sich wütend über Eltern und Nachbarn. Hilfe im Haushalt kann er sich am ehesten vorstellen. Auch will er irgendwann wieder zu seinem Psychiater gehen, den er eigentlich möge und schätze.

Herr Müller ist schließlich einverstanden damit, dass ihn ein Kollege von der ambulanten psychiatrischen Pflege besucht, mehr lässt sich erst einmal nicht erreichen.

Auf dem Rückweg zum Dienst ist der Mitarbeiter sehr angespannt. Herr Müller kam ihm vor wie ein Tiger vor dem Sprung, sein Misstrauen, seine Angst, Unruhe und latente Aggressivität haben starke Eindrücke hinterlassen. Der Mitarbeiter geht ein Stück zu Fuß und gönnt sich im Dienst eine kleine Pause, in der er wieder zur Ruhe kommt.

Die Arbeit im sozialpsychiatrischen Kontext ist nicht stress- und spannungsfrei. Anzeichen von Angst, Stress und Unruhe im Vorfeld eines Hausbesuchs dürfen nicht übergangen werden. Sie sind unter Umständen wichtige Signale, dass Maßnahmen zum eigenen Schutz nötig sind. Mitarbeiter und Team brauchen ein gutes Gespür dafür, wann es besser ist, einen Hausbesuch zu zweit zu planen. Das setzt bei den Mitarbeitern die Fähigkeit zur Selbstreflexion und zum Bewusstsein eigener Stressmuster voraus. Sie sollten die eigenen Stressanzeichen, Stressreaktionen und stressverschärfenden Gedanken gut kennen.

Das achtsame Wahrnehmen erlaubt es, ein Stück Distanz zu gewinnen und, falls nötig, Gegenmaßnahmen in Richtung Selbstberuhigung und/oder die Suche nach Unterstützung zu ergreifen. Auch wenn keine unmittelbare Gefährdung im Vorfeld des Hausbesuchs zu erkennen ist, der Mitarbeiter jedoch mit einer sehr angespannten Konfliktsituation mit Familienangehörigen oder mit dem sonstigen sozialen Umfeld zu rechnen hat, kann es sinnvoller sein, zu zweit zum Hausbesuch zu gehen, weil es so eher möglich ist, selbst genügend Ruhe und Überblick zu bewahren.

Stressbewältigung

Ein gewisses Maß an innerem Aktiviertsein und »Eustress« ist nützlich für die Arbeit, hält lebendig und fördert das konzentrierte Dabeisein. Werden der Stresspegel und der innere Druck jedoch zu hoch, steigt die Neigung, reflexartig mit psychischen Mustern wie Abwehr und Verteidigung zu reagieren, und die so dringend nötige Besonnenheit geht verloren.

Im sozialpsychiatrischen Kontext ist es daher bei Kriseninterventionen immer wieder nötig, durch das Gewinnen von Abstand und Reflexion der eigenen Stressmuster das hohe Aktivierungsniveau etwas herunterzufahren, bevor man aktiv wird.

Wir sind von unserer menschlichen Grundausstattung her gut auf einen Wechsel zwischen Anspannungs- und Entspannungsphasen eingestellt. Wir sind zudem darauf eingestellt, dass diese Anspannung durch Bewegung wieder abgebaut wird. Psychisch nicht gut ausgerüstet sind wir für Daueranspannung. Chronische Belastungen führen leicht zu körperlichen und/oder psychischen Erkrankungen. Da sich

Anspannung im sozialpsychiatrischen Kontext – wie in fast allen psychosozialen Berufen – kaum vermeiden lässt, ist ein entsprechender Ausgleich durch Erholung wesentlich, um gesund zu bleiben.

BEWEGUNG Was als stressig erlebt wird, ist sehr unterschiedlich. Genauso ist es mit dem, was beim einzelnen Mitarbeiter für Ausgleich sorgt. Für bewegungsfreudige Menschen ist Sport die optimale Form, Stress abzubauen. Bewegung kommt dem biologischen Sinn der Stressreaktion am nächsten und hilft recht einfach, die Anspannung wieder abzubauen. Eine weitere, sehr natürliche und alltagstaugliche Form, sich wieder zu entspannen, sind positive soziale Kontakte (KALUZA 2015).

Besonders wichtig sind gute Formen des Ausgleichs und der Selbstsorge beim Umgang mit traumatisierten Menschen, was auf alle Bereiche der sozialpsychiatrischen Arbeit zutrifft (GRÄBENER 2013).

Unterstützung durch Team und Leitung

Gerade bei der aufsuchenden Arbeit, bei der man vor Ort häufig auf sich selbst gestellt ist, ist ein stützendes und funktionierendes Team von besonderer Bedeutung. Hierzu gehören Transparenz, ein wertschätzender Umgang, Achtsamkeit jedes Einzelnen für sich selbst und für die Kolleginnen und Kollegen.

»Teams funktionieren dann gut, wenn sie sich auf ein gemeinsames Ziel ausrichten können, eine Aufgabe, die alle fasziniert, für die es sich lohnt, zu kooperieren. Die gute Zusammenarbeit braucht gezielte Impulse, um entsprechende Selbstorganisationsprozesse anzuregen, um Menschen zu synchronisieren. Dann erzeugt das Dabeisein und Dazugehören als solches schon eine sinn- und identitätsstiftende Dynamik. Sobald Menschen sich angegriffen oder ausgeschlossen fühlen und das Gefühl haben, sich schützen zu müssen, gehen sie in eine Kampfposition oder ziehen sich zurück – das ist erst einmal sehr gesund. Es soll nichts Schädliches in sie eindringen, deshalb wird die Sensibilität reduziert und mit einem Panzer geschützt. In dieser Notfallhaltung harren viele Menschen lange aus, manche lebenslang – das ist sehr ungesund« (LAUTERBACH 2015, S. 177).

Teampflege und Selbstsorge sind gleichwohl kein Selbstzweck. Sie dienen dem gemeinsamen Ziel, eine gute Leistung zu erbringen. Nicht das Team oder wir als Einzelne stehen im Mittelpunkt, sondern die gemeinsame Aufgabe.

Ein achtsamer Umgang der Kollegen miteinander und auch das Wahrnehmen der Fürsorgepflicht der Teamleitung sind Voraussetzung dafür, eine wertschätzende und offene Teamkultur entstehen zu lassen, in der es erlaubt und möglich ist, Stärken und Schwächen zu zeigen und anzusprechen. Das Team kann Entlastung sein, Reflexion ermöglichen, notwendige Distanz zum Klienten und zur Arbeit wiederherstellen sowie in schwierigen Situationen unterstützen.

In der Praxis hat es sich bewährt:

- Bei Unsicherheit oder einem »komischen« Gefühl bezüglich des anstehenden Hausbesuches, dürfen, ja müssen wir dies auch im Team ansprechen. Es kann dann gemeinsam überlegt werden, ob der Hausbesuch besser zu zweit durchgeführt oder eine andere Form gefunden wird.
- Bei häufigen und regelmäßigen Hausbesuchen ist die Gefahr groß, dass Mitarbeiter zu viel Verantwortung für die zu erledigenden Aufgaben übernehmen. In der Reflexion mit den Teamkollegen kann gemeinsam überlegt werden, ob ein Klient im Moment zu sehr entlastet und zu wenig im Rahmen seiner Möglichkeiten gefördert wird. Es ist sinnvoll, in regelmäßigen Abständen langjährige Begleitungen gemeinsam mit einem oder mehreren Kollegen unter diesem Blickwinkel anzuschauen.

- Eine Verabredung, sich notfalls telefonisch auszutauschen, kann ebenfalls Entlastungsmöglichkeiten für den einzelnen Kollegen bieten. Wichtig ist, sich im Team darüber zu verständigen und Notfallregelungen zu treffen – auch wenn diese in der Praxis nach unserer Erfahrung doch relativ selten benötigt werden. Entscheidend ist, dass im Rahmen einer guten Selbstsorge Möglichkeiten verabredet werden, dass belastende Situationen nicht allein getragen werden müssen.

Das folgende Beispiel illustriert, wie das Team beziehungsweise einzelne Teammitglieder unmittelbar über ein Telefongespräch einbezogen werden können – und sollten.

BEISPIEL

Ein Kollege trifft beim Hausbesuch zunächst niemanden an, was ungewöhnlich ist, bisher hatte die Klientin immer schon auf seinen Besuch gewartet. Nach heftigem und mehrmaligem Klingeln öffnete sie dann doch noch die Tür. Sie ist schläfrig und redet verwaschen. Im Gespräch räumt sie ein, dass sie mehrere Medikamente genommen habe, nicht, um sich umzubringen, sie wolle einfach nur schlafen und ein paar Stunden Ruhe von ihren Gedanken haben. Sie habe dies schon öfter gemacht und habe es im Griff. Sie kann jedoch nicht sagen, was genau sie eingenommen hat und in welchen Dosierungen. Darauf angesprochen, in die Klink zu gehen, um dort zur Ruhe zu kommen und auch unter ärztlicher Aufsicht zu sein, reagiert sie sehr ablehnend, das wolle sie auf keinen Fall. Der Mitarbeiter solle ihr vertrauen und ein anderes Mal wiederkommen. Er ist ratlos.

Was ist zu tun? Nicht immer haben wir sofort Antworten auf eine infrage stehende Reaktion parat. Manches wird uns erst bewusst, wenn wir einem Kollegen eine Situation schildern, uns austauschen und damit auch ein wenig Distanz zu der Situation schaffen.

BEISPIEL

> Der Austausch mit einem Kollegen erfolgt telefonisch. Beide kommen zu dem Schluss, dass die Frage des gesundheitlichen Risikos durch die Medikamenteneinnahme und somit auch die Frage der Klinikeinweisung nur ein Arzt entscheiden kann und der Kollege diesen auf jeden Fall, notfalls auch gegen den Willen der Klientin, hinzuziehen sollte. Ganz abgesehen von der Frage des Timings: Die Klientin wusste, wann der Kollege kommt, und musste auch davon ausgehen, dass er reagieren würde.
>
> Durch die entschiedene Haltung des Kollegen, dass er sie nicht allein lassen könne und ein Arzt die Situation beurteilen müsse, erklärt sich die Klientin einverstanden. Der verständigte Notarzt veranlasst eine Einweisung in die Klinik.

Zur Veranschaulichung noch einige kurze Beispiele, wie die Entlastung durch das Team aussehen kann:

- Bei belastenden Situationen ist oft ein unmittelbarer Austausch mit einem Kollegen sinnvoll und notwendig. Die Frage »Hast du mal fünf Minuten Zeit?« sollte zur Teamkultur gehören. Meist geht es wirklich um eine kurze Entlastung und das Sortieren der eigenen Wahrnehmung. Die Verabredung, dies in der nächsten Fallbesprechung doch nochmals ausführlicher anzuschauen, kann folgen.
- Nach sehr belastenden Situationen ist darauf zu achten, dass genügend Zeit und Raum ist, diese noch einmal anzuschauen und dezidiert nachzufragen, was der Kollege braucht, um mit der Situation gut umgehen zu können und diese zu verarbeiten.
- Bei Teambesprechungen gilt es, aufmerksam zu sein, wenn Anzeichen eines zu hohen Stresslevels angesprochen werden. Besonders in Zeiten, in denen auch im Privatleben hohe Anforderungen herrschen, können sich Kollegen bei Anzeichen von Gefährdungsmomenten behutsam gegenseitig auf die Notwendigkeit von Erholung

und Pausen hinweisen. Hier sollte auch die Teamleitung Verantwortung übernehmen und gegebenenfalls die Aufgaben- und Arbeitsverteilung ansprechen.

- Trotz aller Professionalität, Reflexion und Supervision gibt es Situationen und Klientinnen, bei denen sehr viel Kraft benötigt wird, um mit ihnen zu arbeiten. Manchmal werden ganz persönliche Erfahrungen aktualisiert, die die Arbeit erschweren, oder ein besonders schwieriges und herausforderndes Verhalten vonseiten der Klienten macht zu schaffen. Enge Begleitungen durch Hausbesuche sind besonders fordernd. In einem guten Team ist es möglich, dies anzusprechen und auch zu überlegen, ob nicht jemand anderes die Betreuung übernehmen kann, ohne dies für sich als Versagen zu erleben. Ein anderer Kollege hat aufgrund der eigenen Persönlichkeit vielleicht einen anderen Zugang und ohnehin ist es nur legitim, Belastungen aufs Team aufzuteilen nach dem Motto: »Jetzt ist mal jemand anderes an der Reihe.«
- Teamkultur braucht Räume und braucht Zeit: Teambesprechungen, Fallreflexionen, Teamsupervision, Klausurtage etc. sind Möglichkeiten, die gemeinsamen Aufgaben, Haltungen und Ziele zu entwickeln und auch zu einem guten und stimmigen Miteinander zu kommen, bei dem die Unterschiede geschätzt und gewürdigt werden. Aber auch ein Betriebsausflug, eine Café-Ecke, ein Teamessen etc. sind gute Anlässe, die ein gutes und kollegiales Klima unterstützen.

Die Abwechslung zwischen Gesprächen im Dienst und Hausbesuchen erleben viele Mitarbeiter als Bereicherung. Hausbesuche können so durchaus die Selbstsorge erleichtern. Da die Komplexität jedoch enorm erhöht wird, sehr viel mehr an Informationen auf den Mitarbeiter einströmen und die Situation insgesamt weniger gesteuert werden kann, ist eine gute Reflexion der Eindrücke und Aufträge vor und nach dem Hausbesuch notwendig.

Die Beendigung der ambulant aufsuchenden Arbeit

Die Beendigung der aufsuchenden Arbeit kann bedeuten, dass der Betreuungskontakt insgesamt beendet wird, oder auch, dass die Betreuung nun in anderer Form stattfindet. Diese Diskussion dreht sich dann um eine Ambivalenz, die seit Langem bekannt ist und immer wieder einzelfallbezogen gestaltet werden muss: Einerseits besteht mit einer eher (über-)fürsorglichen Haltung das Risiko, den Klientinnen und Klienten zu wenig zuzumuten, ihnen Verantwortung zu entziehen und somit eher einer Chronifizierung Vorschub zu leisten. Andererseits liegt auf der Hand, dass wir die Menschen nicht zu früh ohne Unterstützung allein lassen können, um sie nicht zu überfordern. Nicht selten sind diese Klienten dann relativ schnell wieder in der Klinik zu finden. Diese permanente, einzelfallbezogene Gratwanderung erfordert nicht nur Kompetenz und Erfahrung, sondern die kritische, reflexive Rückbindung und Auseinandersetzung im Team.

Fortsetzen der Beratung in einem anderen Setting

Das Beenden der aufsuchenden Arbeit muss nicht immer auch das Ende der Betreuung, geschweige denn der Beratung sein. Aus unterschiedlichen Gründen kann es sinnvoll sein, das Setting zu wechseln und die Beratung an einem anderen Ort fortzuführen.

Für den Aufbau der Beziehung war es wichtig, Hausbesuche durchzuführen, da ansonsten kein Kontakt zu den Personen zustande käme. Inzwischen aber ist die Beziehung sehr vertrauensvoll und tragfähig. Dies ermöglicht es nun, dass auch Termine in der Beratungsstelle stattfinden können; eventuell wurde auch der Weg gemeinsam eingeübt. Oft ist es hilfreich, anfänglich die Termine im Wechsel mal zu Hause und mal in der Beratungsstelle zu vereinbaren.

Die Termine in der Beratungsstelle fortzusetzen kann aus unterschiedlichen Gründen sinnvoll sein:

- Es gibt einen Grund dafür, aufzustehen, sich zurechtzumachen und die Wohnung zu verlassen.
- Der gesundheitliche Zustand hat sich so weit stabilisiert, dass Hausbesuche nicht mehr notwendig sind.
- Eine Einbindung in die Tagesstätte oder andere Angebote ist geplant.

Eine weitere Begründung kann sein, dass sich die häusliche Situation verändert hat. Der bisherige Grund für den Hausbesuch ist weggefallen, kleine Kinder zum Beispiel gehen inzwischen in den Kindergarten.

Für die Veränderung des Settings kann auch Anlass sein, dass der Besuch in der Wohnung mit zu viel Unbehagen, sei es aufseiten des Klienten, sei es aufseiten des Mitarbeiters, verbunden ist. Die Termine werden in die Beratungsstelle oder an einen öffentlichen Ort verlegt. Dies kann eine Weiterführung der aufsuchenden Arbeit bedeuten, jedoch nicht mehr als Hausbesuch. Es geht um Situationen, bei denen der Mitarbeiter zunehmend ein unsicheres, »mulmiges«, vielleicht sogar ängstliches Gefühl entwickelt und sich schon vor und auch während des Hausbesuchs unwohl fühlt. Dann scheint der Wechsel an einen neutraleren, sichereren Ort angezeigt. Ein Beispiel soll eine derartige Konstellation verdeutlichen:

BEISPIEL

Herr Becker, 58 Jahre alt, leidet schon seit vielen Jahren an einer depressiv gefärbten paranoiden Erkrankung. Nach der Trennung von Frau und Kind vor über zwanzig Jahren lebt er allein von einer Erwerbsminderungsrente in einer kleinen Wohnung im zehnten Stock eines Hochhauses. Enttäuscht von seinem Leben, mit mehrheitlich negativen Kindheitserinnerungen, zieht sich eine Negativwahrnehmung durch alle Lebensabschnitte hindurch.
Diese Entwicklung in Verbindung mit seinen Interpretations- und Handlungsmustern haben dazu geführt, dass er nicht nur grundsätzlich enttäuscht, sondern wütend und ärgerlich auf sich und »die Welt« ist. Die Negativkonnotationen führen zu wüsten Bedrohungen, obszönen Beschimpfungen bis hin zu Drohungen mit einem nicht unbeträchtlichen Aggressionspotenzial. Allerdings sind tätliche Übergriffe aus seiner Vergangenheit nicht bekannt, abgesehen davon, dass er in jungen Jahren ein guter Boxer war.
Herr Becker lässt sich zwar immer wieder beruhigen auch mit dem klaren Hinweis darauf, dass sowohl Wortwahl als auch Beschimpfungen und Drohungen vom Mitarbeiter nicht hingenommen werden können, aber seine Reaktion darauf besteht lediglich darin, dass er ja verschwinden könne, wenn es ihm nicht passe. Nach eingehender Reflexion und Besprechung im Team wird entschieden, dass dem unsicheren und »mulmigen« Gefühl des Mitarbeiters Rechnung getragen und auf Hausbesuche verzichtet werden soll. Sicherheit bedeutet in diesem Fall, sich in der Öffentlichkeit, das heißt draußen bei regelmäßigen Spaziergängen zu treffen sowie dort die notwendigen Beratungen durchzuführen und Angelegenheiten zu klären.
Herr Becker ist überraschend damit einverstanden. Durch das veränderte Setting wird das Verhältnis deutlich entspannter. Dies

hängt auch damit zusammen, dass sich der Mitarbeiter wieder sicherer fühlt, sich besser auf Herrn Becker einlassen kann und für sich den Eindruck gewinnt, die Situation zu kontrollieren.

In der zuletzt beschriebenen Situation wird das Setting aufgrund der Wahrnehmung und Einschätzung des Mitarbeiters einseitig verändert mit dem Ziel, eine tragfähige, angstfreie und relativ entspannte Beziehung fortzusetzen. Die zuvor aufgeführten Änderungen des Settings erfolgen im Aushandlungsprozess zwischen Mitarbeiter und Betroffenem, indem zum Beispiel dem Betroffenen wieder mehr zugemutet werden soll, um ihm zu mehr Autonomie und Ausweitung seiner Möglichkeiten zu verhelfen.

Beendigung des Betreuungskontakts

Bei der grundsätzlichen Beendigung von Hausbesuchen spielt es eine Rolle, von wem und warum diese Kontakte für beendet erklärt werden.

Beendigung in gegenseitigem Einvernehmen

Eine Beendigung resultiert oft schlicht daraus, dass sich der Klient stabilisiert hat und wieder ohne professionelle Unterstützung zurechtkommt. Es kann manchmal nützlich sein, ein »offenes Ende« zu gestalten, denn eine Beendigung kann die Einladung zur nächsten Krise sein, da die Sicherheit des Kontakts als eine notwendige Stütze wegfällt. Dann ist es sinnvoll, die Termine in größeren Abständen zu vereinbaren. Schließlich kann die Verabredung getroffen werden, dass kein neuer Termin vereinbart wird, sich die Klientin jedoch bei Bedarf melden kann. Diese Gewissheit gibt oft schon ausreichend Sicherheit, um auch ohne regelmäßige Termine auszukommen.

BEISPIEL

Frau Brink wurde lange Jahre ambulant durch verschiedene Krisen begleitet. Mit den Jahren beruhigte sich die Situation. Die Tochter war zwischenzeitlich erwachsen und ausgezogen, die unbefristete Rente bewilligt und Frau Brink hatte inzwischen für sich Möglichkeiten entwickelt, um ihre Krisen frühzeitig zu erkennen und gegenzusteuern. Auch war es ihr gelungen, sich einen kleinen Kreis an Kontaktpersonen aufzubauen. Die Beratung, die in den ersten Jahren und in Krisen vorrangig als Hausbesuche stattfand, wurde beendet.

Jedoch blieb es Frau Brink wichtig, weiterhin die Möglichkeit zu haben, sich in der Beratungsstelle zu melden. Anfänglich rief sie öfter mal an. Dabei ging es allerdings nie um eine Krisenintervention, sondern eher darum, sich zu vergewissern, dass es eine bestimmte Mitarbeiterin in der Beratungsstelle noch gab. Inzwischen meldet sie sich ein- bis zweimal jährlich, einfach um einen kleinen Plausch zu halten, zu erzählen, wie die aktuellen Entwicklungen sind, und sich zu vergewissern, dass sie im Falle einer Krise auf das Angebot zurückgreifen kann.

In anderen Situationen kann es auch wichtig sein, das Ende des Kontaktes deutlich zu markieren, zum Beispiel:

- als Erfolg und wichtigen Schritt in der Genesung und weiteren Entwicklung
- oder auch bei Wechseln der Betreuung, der Maßnahme oder bei einem Umzug, um einen guten Übergang zu ermöglichen.

Der Übergang vom ambulanten Betreuten Wohnen in der eigenen Wohnung hin zur Betreuung durch den Sozialpsychiatrischen Dienst kann auch zum Übergang von Hausbesuchen zu Kontakten in der Beratungsstelle führen. Dann kann es sich als sinnvoll herausstellen, dass die gleiche Kollegin zuständig bleibt, um die entstandene tragfähige Beziehung und die gemeinsamen Erfahrungen weiter nutzen zu können. Es kann jedoch ebenso gut sein, die betreuende Person zu wechseln, um die Veränderung deutlich und nachvollziehbar zu gestalten. Ideal ist, wenn dies im jeweiligen Einzelfall entschieden werden kann, je nachdem, was hilfreicher erscheint. Ob dies möglich ist, hängt oft von der Mitarbeitersituation und Organisationsstruktur ab.

Besonders bei Menschen, die sich schwertun, eine Unterstützung anzunehmen und sich in ihrer Autonomie dadurch eingeschränkt fühlen, eröffnet die klare Beendigung manchmal eher die Möglichkeit, bei einer neuen krisenhaften Entwicklung wieder einen Kontakt herzustellen. Durch die Beendigung wird vermittelt, dass der Wunsch nach Autonomie ernst genommen und respektiert wird und die Hilfe wieder beendet werden kann und nicht zwangsläufig für immer besteht, wenn man sich auf eine Hilfe einlässt. So entsteht die Chance für die Klienten und Klientinnen, bei Bedarf selbstbestimmt den Kontakt wieder aufzunehmen beziehungsweise ihn wieder eher zuzulassen.

AUSWERTUNGSGESPRÄCHE Beim Beenden von Kontakten haben Abschluss- und Auswertungsgespräch eine besondere Bedeutung: Was hat geholfen? Was werden Sie öfter tun? Was war nicht so gut? Was werden Sie unterlassen? Was hat sich für Sie verändert?

Auch gemeinsame Übergabegespräche können zur Auswertung genutzt werden und ermöglichen Gestaltungsräume für den Klienten: Was ist wichtig, der neuen Kollegin mitzuteilen? Was hat bei uns gut geklappt und was sollte so weitergehen? Was war schwierig und muss nicht noch ein weiteres Mal ausprobiert werden?

Neben der inhaltlichen Auswertung und Übergabe ist es auch oft wichtig, ein gutes Abschlussereignis zu finden. Eine gemeinsame Unternehmung, ein abschließender Cafébesuch oder auch ein kleines symbolisches Abschiedsgeschenk können so ein guter Abschluss sein.

Dies sollte sich danach richten, was zur Klientin und zum Mitarbeiter, zur jeweiligen Rolle und zur »Kultur« passt. Manchmal ist es für Klientinnen und Klienten bedeutsam, ihrerseits einen guten Abschluss zu initiieren, um ihre Dankbarkeit auszudrücken.

Es stellt sich bei Geschenken, wie generell in der Arbeit, die Frage, was als Abschiedsgeschenk angemessen ist und auch angenommen werden kann. Insgesamt ist festzuhalten, dass bei Geschenken im Rahmen einer Beratung oder Betreuung sehr genau darauf geachtet werden muss, welche Implikationen diese enthalten. Bei Abschiedsgeschenken geht es meist darum, Dankbarkeit und Anerkennung auszudrücken. Nichtsdestotrotz existieren auch hier Grenzen. Oft gibt es Regelungen in der Institution, die hilfreich sind. Bei Unsicherheit empfiehlt sich ein Austausch mit Team und Vorgesetztem.

BEISPIEL

Frau Atun wird im Rahmen des Sozialpsychiatrischen Dienstes betreut. Es zeigt sich jedoch bald, dass der Hilfebedarf deutlich die Möglichkeiten des Dienstes übersteigt. Ambulant Betreutes Wohnen im eigenen Wohnraum wird beantragt. Aus der geschiedenen Ehe sind etliche Schulden geblieben, die Scheidung ist nach türkischem Recht noch nicht anerkannt, die Tochter ist gerade dabei, auszuziehen, und die Wohnung ist dringend renovierungsbedürftig, außerdem zu groß und teuer für eine Einzelperson.

Frau Atun ist schwer traumatisiert und war immer wieder krisenhaft in der Klinik. Im Laufe von fünf Jahren konnten allerdings nach und nach viele Probleme angegangen werden. Sie hat sich inzwischen stabilisiert, sodass es möglich ist, eine Zweizimmerwohnung zu finden. Da diese am anderen Ende der Stadt liegt, ist ein Wechsel der Betreuung durch ein anderes Gemeindepsychiatrisches Zentrum nötig. Auch ist der Wechsel von der ambulanten in die Betreuung durch den Sozialpsychiatrischen Dienst möglich.

Zum Abschied lädt Frau Atun die Praktikantin, die sich sehr stark für sie engagiert hatte, und die hauptverantwortliche Mitarbeiterin zu einem Essen ein. Sie hat türkisch gekocht und die beiden sind die ersten Gäste, die sie seit Jahren zu einem Essen empfängt.

Bei einvernehmlichen Beendigungen, vor allem nach langjährigen Kontakten, ist es für beide Seiten wichtig, einen guten und stimmigen Abschluss zu gestalten. Dieses Vorgehen ermöglicht, die gemeinsame Arbeit positiv in die Haltung und das Handeln zu integrieren und gleichzeitig auch loszulassen, um sich wieder für Neues zu öffnen.

Einseitige Beendigung

Kommt es bei einer bestehenden Betreuung zu einem Abbruch des Kontakts durch den Klienten, dann kann dies verschiedene Ursachen haben. Oft geschieht es im Rahmen einer krisenhaften Entwicklung. Dann sollte versucht werden, dem nachzugehen, erneut einen Termin anzubieten und das Beziehungsangebot aufrechtzuerhalten. Wenn dies nicht zu einem weiteren Kontakt führt, bei dem unter Umständen auch geklärt werden kann, was zum Rückzug geführt hat und ob und wie es weitergehen könnte, kann es sinnvoll werden, den Kontakt mit einem Brief zu beenden. Inhalt könnte sein, dem Gegenüber die Möglichkeit zur Umentscheidung zuzusprechen und ihm eher zu signalisieren, dass es respektiert wird, wenn er derzeit keinen Kontakt wünscht. Das kann so klingen: »Eventuell benötigen Sie derzeit unsere Unterstützung nicht. Wenn Sie wieder ein Gespräch wünschen, melden Sie sich.« Oder auch: »Darf ich Sie in ein paar Wochen mal anrufen und nachfragen, wie es Ihnen geht?«

Ein solches Vorgehen ermöglicht manchmal einen Kontakt zu einem späteren Zeitpunkt. Es schafft auch wieder Distanz, sollten die Mitarbeiter dem Klienten zu nahegekommen und für ihn zu »bedrohlich« geworden sein. So hat der Klient die Möglichkeit, Nähe und Distanz selbst zu regeln. Ausgenommen hiervon bleiben die Situationen, bei denen es um Selbst- und Fremdgefährdung geht und wir zu anderem Handeln aufgefordert sind.

Auch bei der einseitigen Beendigung durch den Klienten gilt, die Besonderheiten bei Eltern mit minderjährigen Kindern zu beachten. Es hat sich bewährt, mit dem Team oder mit einzelnen Kolleginnen zu reflektieren, welche Auswirkung die Beendigung des Betreuungskontakts auf die Kinder haben könnte. Sind im Umfeld ausreichend informierte erwachsene Bezugspersonen, die krisenhafte Zuspitzungen rechtzeitig bemerken können, oder ist der Schutz des Kindeswohles gewährleistet? > Kindeswohlgefährdung, Seiten 79, 108, 112 ff.

Was sind Anlässe für uns Mitarbeitende, die Hausbesuche und den Kontakt zu beenden? Bei Betreuungen, für die keine Notwendigkeit mehr gesehen wird und bei denen der Eindruck entsteht, es sei für den Klienten einfach nur angenehm, besucht zu werden, stellt sich die Frage, ob die knappen Ressourcen nicht besser anderweitig eingesetzt werden sollten. Zu hinterfragen sind auch Situationen, die sich über Jahre nicht verändern und in der die Nichtveränderung sehr stabil bleibt – wobei Nichtveränderung manchmal auch positiv als Nichtverschlechterung beschreibbar ist. Hier sollte im Team reflektiert werden, welche positiven wie negativen Folgen die Beendigung der Hausbesuche nach sich ziehen könnte.

BEISPIEL

Frau König hat keinerlei Kontakte. Sie lebt sehr zurückgezogen in ihrer Wohnung zwischen den Umzugskartons, die seit fünf Jahren unausgepackt in der Wohnung stehen. Sie versorgt sich selbst, geht einkaufen und sorgt auch für Sauberkeit in der Wohnung, so gut es geht. Sie möchte keinerlei Unterstützung. Vor etlichen Jahren war sie mehrfach über Zwangseinweisungen in der Psychiatrie und erhielt die Diagnose einer schizophrenen Psychose. Nach der Entlassung hat sie die Medikamente, die ihr sehr belastende Nebenwirkungen verursachten, rasch abgesetzt und nimmt nun auch keine Termine beim Psychiater mehr wahr. Sie hat eine gesetzliche Betreuerin, die für den existenziellen Rahmen sorgt.

Im Kontakt ist Frau König sehr ablehnend und vermittelt eher, dass ihr die Mitarbeiterin lästig ist, jede Frage erscheint ihr als eine Zumutung und sie fragt oft, was diese überhaupt von ihr wolle. Zeitweise äußert sie auch großes Misstrauen, dass hinter ihrem Rücken Verschwörungen laufen würden, an denen die Mitarbeiterin zumindest als Mitwisserin beteiligt sei. Freigestellt, ob sie einen weiteren Termin möchte, äußert sie sich sehr zurückhaltend nach dem Motto »Wenn es sein muss«. Auf die Antwort, es müsse nicht sein, meint sie gleichwohl, dass ein Termin ausgemacht werden könne. Es ist auch schon vorgekommen, dass die zuständige Mitarbeiterin den Termin vergessen hatte, aber auch dann meldete sich Frau König telefonisch und fragte, was denn los sei.

Im Team ist bereits mehrfach überlegt worden, ob die Mitarbeiterin den Kontakt nicht beenden solle, da die Situation seit fünf Jahren weitestgehend unverändert ist. Es könne nur spekuliert werden, ob es für Frau König einen Unterschied ausmacht, wenn der Kontakt bestehen bliebe oder nicht. Die Besuche wurden schließlich zwar fortgesetzt, jedoch in veränderter Weise. Die Mitarbeiterin stellt keine Frage mehr, auch nicht »Wie geht es Ihnen?«, sondern setzt sich nach einem schlichten »Guten Tag« schweigend zwischen die Umzugskisten. Sie weigert sich, die Verantwortung für die mühsame Kommunikation zu übernehmen, und überlässt dies stattdessen Frau König. Kommt von ihr nichts, geht die Mitarbeiterin nach kurzer Zeit wieder und bietet einen Termin für in zwei Monaten an.

Mit der Zeit wird Frau König gesprächiger und auch etwas zugänglicher, die Termine sind weniger mühsam. Es scheint, dass für sie die Besuche nützlich sind, denn sie hat sich in ihrem Rahmen bemüht, diese aufrechtzuerhalten. Eventuell sind die Besuche doch ein kleiner Anker in der Realität, in ihrer sonstigen, von einem Wahnsystem geprägten Welt. Es ist unklar, jedoch zu vermuten, dass der Kontakt auch dazu beiträgt, dass sie die letzten Jahre nicht mehr zwangseingewiesen werden musste.

Das Fallbeispiel zeigt, dass immer auch in Betracht gezogen werden muss, und zwar vor allem bei Menschen, die nur schwer ihre Bedürfnisse zeigen und äußern können, dass es schon einen guten Grund hat, dass der Kontakt erhalten bleibt, wenn uns dieser auch erst einmal verborgen bleibt. Eine einseitige Beendigung durch uns sollte zuvor jedenfalls immer gut reflektiert werden.

Die Beendigungen von Betreuungen, ob einvernehmlich oder einseitig, sind auch Herausforderungen für die Mitarbeitenden.

Beendigung bedeutet immer auch den Abschied von einer langjährigen erfolgreichen, gemeinsamen Arbeit und vom Klienten, der intensiv begleitet wurde und einem durchaus auch »ans Herz gewachsen« ist. Sozialpsychiatrisches Arbeiten vollzieht sich schließlich im Spannungsfeld einer kritisch reflexiven, professionellen Distanz und einer Nähe, die wir auch als Menschen mit unserer ganzen Persönlichkeit erreicht haben, sodass das Loslassen und Verabschieden emotional berührt.

Bei, aus unserer Sicht, weniger erfolgreichen Fällen gesellt sich der Umgang mit den eigenen (»gescheiterten«) Ansprüchen hinzu. Dies ist unabhängig davon, ob sie beendet oder mühsam aufrechterhalten werden. Wir wollen hilfreich sein und zur Erhaltung oder Verbesserung beitragen. Wenn uns dies nicht gelingt, müssen wir uns mit den Grenzen der eigenen Wirksamkeit unseres Handelns auseinandersetzen.

Die Akzeptanz dieser Grenzen stellt eine nicht immer einfache, aber nicht zu umgehende Herausforderung im alltäglichen Handeln dar.

Gleichermaßen kann der Prozess der Beendigung auch wieder Raum und Gelegenheiten schaffen, sich immer wieder für neue Begegnungen und Problemstellungen zu öffnen.

Hausbesuche, also die ambulant aufsuchende Tätigkeit als notwendiger Bestandteil sozialpsychiatrischen Handelns insgesamt, fordern heraus und bedeuten verantwortliches Handeln im Team, und zwar ohne »Netz und doppelten Boden«. Diese Arbeit ist spannend, oft auch anstrengend, aber immer abwechslungsreich, erfüllend und verwirklichend. Darüber hinaus – und dies sollten wir uns immer wieder in Erinnerung rufen – trägt sie wesentlich dazu bei, dass Menschen in ihrer Lebenswelt, in ihrem Sozialraum verbleiben können, und zwar mit mehr Lebensqualität und Zufriedenheit. Sozialpsychiatrisches Arbeiten im Alltag der Menschen ist eben nicht nur die professionelle Belagerung des Alltags der Adressaten, sondern immer auch die Anstrengung um mehr soziale Gerechtigkeit, Akzeptanz, Anerkennung, Respekt und Entstigmatisierung in Verbindung mit der Ausweitung der Grenzen von Normalität und Vielfalt.

Ausgewählte Literatur

ANDERSEN, T. (2011): Das Reflektierende Team: Dialoge und Dialoge über die Dialoge. Dortmund.

ANKE, M. u. a. (2009): Deeskalationsstrategien in der psychiatrischen Arbeit. Bonn.

ANTONOVSKY, A. (1997): Salutogenese. Zur Entmystifizierung der Gesundheit. Tübingen.

Bundesverband evangelische Behindertenhilfe e. V. (BeB) (2010): Förderliche Faktoren für ambulante Angebote. Handreichung des BeB. Berlin.

BULL, N.; POPPE, C. (Hg.) (2015): Zuhören, Informieren, Einbeziehen. Bonn.

Bundesverband der Angehörigen psychisch erkrankter Menschen e. V. (Hg.) (2016): Was tun bei Konflikten und Aggressionen in Familien mit einem psychisch erkrankten Angehörigen? Bonn.

Caritasverband für Stuttgart e. V.: Handbuch kultursensible Beratung, überarbeitete Fassung 2018. Stuttgart. Bezug über K. Obert (k.obert@caritas-stuttgart.de).

EINK, M.; HALTENHOF, H. (2016): Umgang mit suizidgefährdeten Menschen. Bonn.

GERULL, S. (2002): Aufsuchende Hilfen in der Wohnungssicherung. In: *Soziale Arbeit,* 3, S. 89 – 96.

GERULL, S. (2014): Hausbesuche in der Sozialen Arbeit: Eine arbeitsfeldübergreifende empirische Studie. Berlin, Toronto.

GRÄBENER, J. (2013): Basiswissen: Umgang mit traumatisierten Patienten. Bonn.

HEISSLER, M. (2015): Auf dem Weg zur kollaborativen Psychiatrie. In: *Soziale Psychiatrie,* 2, S. 8 – 13.

KALUZA, G. (2018): Gelassen und sicher im Stress. Heidelberg

LAMBERT, M. u. a. (2017): Stationsäquivalente Behandlung im häuslichen Umfeld – Crisis Resolution Team (CRT). Hamburg.

LAUTERBACH, M. (2015): Engagiert und gesund bleiben. Köln.

MEYDER u. a. (2015): Psychisch-Kranken-Hilfe-Gesetz Baden-Württemberg. Norderstedt.

MÜLLER, M.; BRÄUTIGAM, B. (HG.) (2011): Hilfe, sie kommen! Systemisches Arbeiten im aufsuchenden Kontext. Heidelberg.

OBERT, K. (2001): Alltags- und lebensweltorientierte Ansätze sozialpsychiatrischen Handelns. Bonn.

OBERT, K. (2013): Sozialpsychiatrisches Handeln und Behandeln. In: RÖSSLER, W.; KAWOHL, W. (Hg.): Soziale Psychiatrie. Das Handbuch für die psychosoziale Praxis. Band 1. Stuttgart, S. 161.

ROSEMANN, M. (2018): Das BTHG: Die wichtigsten Neuerungen für die psychiatrische Arbeit. Bonn.

RÖSCH, S.; LINSENMAYR, R. (2017): Vom Umgang mit Schwierigen und gewaltbereiten Klienten. Köln.

RUPP, M. (2003): Notfall Seele. Stuttgart.

RUPP, M. (2018): Psychiatrische Krisenintervention. Köln.

SCHERER, E.; LAMPERT, T. (2017): Basiswissen: Angehörige in der Psychiatrie. Köln.

Sozialpsychiatrische Dienste in Stuttgart: Dokumentation 2017. Bezug über K. Obert (k.obert@caritas-stuttgart.de).

STEINERT, T. (2008): Basiswissen: Umgang mit Gewalt in der Psychiatrie. Bonn.

STOFFELS, H.; KRUSE, G. (1996): Der psychiatrische Hausbesuch. Bonn.

THIERSCH, H. (1986): Die Erfahrung der Wirklichkeit. Perspektiven einer alltagsorientierten Sozialpädagogik. Weinheim und München.

THIERSCH, H. (1995): Lebensweltorientierte Soziale Arbeit. Aufgaben der Praxis im sozialen Wandel. Weinheim und München.

THIERSCH, H. (2015): Soziale Arbeit und Lebensweltorientierung. Konzepte und Kontexte. Gesammelte Aufsätze. Weinheim und Basel.

WENDT, P. (2015): Lehrbuch Methoden der Sozialen Arbeit. Weinheim und Basel.